huashuo
changcheng

话说长城

本书编写组◎编

本书是《中华文明》系列之一，该系列全景式图文并茂的记录了中国文明历史，并与考古密切相联，运用文字去追寻中华文明在历史长河中的灿烂之光，它可称为真正的"纸质博物馆"，全书文字、图片彼此相当，将中华民族在人类历史上缔造的最光辉绚丽的文明呈现在读者面前。

世界图书出版公司
广州·北京·上海·西安

图书在版编目（CIP）数据

话说长城／《话说长城》编写组编 . —广州：广东世界图书出版公司，2010.8（2024.2重印）

ISBN 978 - 7 -5100 -2590 -7

Ⅰ．①话… Ⅱ．①话… Ⅲ．①长城 - 简介 Ⅳ.
①K928.77

中国版本图书馆 CIP 数据核字（2010）第 160409 号

书　　名	话说长城	
	HUASHUO CHANGCHENG	
编　　者	《话说长城》编写组	
责任编辑	康琬娟	
装帧设计	三棵树设计工作组	
出版发行	世界图书出版有限公司　世界图书出版广东有限公司	
地　　址	广州市海珠区新港西路大江冲 25 号	
邮　　编	510300	
电　　话	020-84452179	
网　　址	http://www.gdst.com.cn	
邮　　箱	wpc_gdst@163.com	
经　　销	新华书店	
印　　刷	唐山富达印务有限公司	
开　　本	787mm×1092mm　1/16	
印　　张	13	
字　　数	160 千字	
版　　次	2010 年 8 月第 1 版　2024 年 2 月第 10 次印刷	
国际书号	ISBN　978-7-5100-2590-7	
定　　价	59.80 元	

前　言

　　长城是古代我国在不同时期为抵御塞北游牧部落联盟侵袭而修筑的规模浩大的军事工程的统称。它是中华文明的瑰宝，也是世界文化遗产，可与埃及金字塔齐名，是人间的奇迹，它是中华文明不可缺少的一部分。

　　在遥远的两千多年以前，劳动人民以血肉之躯修筑了万里长城，谈何容易。因此长城是中华民族聪明才智的结晶，是中华民族的象征。因为长度逾万里，故又称作"万里长城"。如此浩大的工程不仅在我国就是在世界上，也是绝无仅有的。所以在几百年前它就与罗马斗兽场、比萨斜塔等列为中古世界八大奇迹之一。

　　本书将把青少年带进关于长城的世界，了解作为民族脊梁象征的长城、作为国人骄傲的长城，曾经经历过什么，即将经历什么。本书从长城的起源、长城的历史、现存的长城、有关长城的传说、有关长城的战争、有关长城的诗词等多个方面对长城进行阐释。让读者看到那受风雨侵蚀仍然岿然屹立的古长城，是在怎样的历史硝烟中生长，又是怎样同国人一起抵御帝国主义斗争的，还将怎样挣扎在破坏的边缘而继续守卫整个华夏。

　　从古至今，赞美长城的诗歌、文章数不胜数。但是，如果对长城没有一个透彻的了解，没有意识到长城的现状，也许长城就会在

慢慢的衰老中消失，以后将不会有那些关于长城的隽永的诗歌。希望这本书能让青少年对长城有个全新的认识，并且更加关爱和保护我们的长城，让长城不会在现代文明中与我们渐行渐远，而要确保其"永不倒"！

目　　录

第六章　有关长城的诗词 …………………… 157

第一章 长城概说

　　《辞海》记载：春秋战国时各国为了互相防御，各在形势险要的地方修筑长城。关于长城最早的记载是《左传》僖公四年（公元前656年）"楚国方城以为城"。战国时齐、楚、魏、燕、赵、秦和中山等国相继兴筑。秦始皇灭六国完成统一后，为防御匈奴南侵，于公元前214年将秦、赵、燕三国的北边长城予以修缮，连贯为一。故址西起临洮（今甘肃岷县），北傍阴山，东至辽东，俗称"万里长城"，至今犹有遗迹残存。此后汉、北魏、北齐、北周、隋各代都

长　城

曾在北边与游牧民族接境地带筑过长城。明代为防御鞑靼、瓦剌侵扰，自洪武至万历时，前后修筑长城 18 次，北部长城东起山海关东南老龙头，西至嘉峪关，称为"边墙"。宣化大同二镇之南，直隶山西界上，并筑有内长城，称为"次边"。东北为防御兀良哈三卫和建州女真、海西女真的骚扰，在正统、成化年间修筑了起自山海关附近铁场堡，经今辽河东西岸，至今丹东市东北九连城鸭绿江边的辽东边墙。全部长城总长约 6300 千米。大部至今仍基本完好。居庸关一带墙高 8.5 米，厚 6.5 米，顶部厚 5.7 米，女墙高 1 米。气魄雄伟，是世界历史上伟大工程之一。并已列入《世界文化遗产名录》。

2000 多年来，我国各朝各代在修筑长城和记载长城时，所使用的名称多有不同。

方城　这个称呼只在春秋时楚国用过。

堑、长堑、城堑、墙堑　这几种称谓基本上相互通用，从战国直到明代几乎全都使用过。

塞、塞垣、塞围　在史书中用到"塞"字的地方很多，一般情况有两种意义：一是表示关口要隘，二是表示长城。

长城塞、长城亭障、长城障塞　这些称谓在史书中很常见。

壕堑、界壕、壕堑　是长城建筑的一种形式，而界壕则是金代长城的专用词。

边墙、边垣　将长城称之为"边"，主要是明朝。我国古代，多将中原各地与少数民族之间的地域称之为"边地"，明代则将在这一地域修筑的长城称之为"边墙"或"边垣"。

第一节 为什么要修长城

我国进入奴隶社会后，奴隶主的享乐意识大增，导致他们的危机意识日盛，强烈地要求有更加完善的城池防御体系来保障他们的安全与财富。武王伐纣建周后，大规模地把封地连同奴隶分赏给王室子弟和诸侯功臣，而得了封地的诸侯为了巩固和发展其领土，无不大筑城郭，以维护既得的利益，防御他国的侵犯。同时为防御北方游牧民族的袭击，又在边境要地修筑连续排列的城堡——"列城"

长 城

用以防御。

俗话说，"天下大势，分久必合，合久必分"。诸侯争霸，王室衰微，曾经先进的奴隶制度分崩离析，如周朝者那样强盛，最终也无法避免被历史抛弃的命运，取而代之的是封建制度的兴起。在新与旧的较量中，封建制终于取得了胜利，统一的中央集权国家也逐步形成。春秋战国时期，战争的频繁和激烈使人民深陷于水深火热之中。但各诸侯国原来的防御手段远远不能满足军事上的需要，于是就产生了用城墙把烽火台、城堡、河谷、山崖、壕堑、道路等联系起来的思想，从而在边境上形成了大规模的防御体系。这种防御体系，不同于只能防守一个都邑或据点的城堡，而是构成一条相当长的防线，防卫着极为广阔的地区。这些防线不管多长，从总体上看，是一条线状工程，所以被称为长城。这就是万里长城的雏形。

各诸侯国都在自己易受侵犯的边境筑起了道道长城。有为抵御敌国侵犯、兼并而建的，如楚、齐、秦、赵等国；也有为抗击匈奴诸胡而建的防御线，如秦、赵北界。其中，楚、齐长城应是最早修筑的长城，而秦、赵长城要长得多，防御措施也严密得多。

第二节　长城的起止点和关隘

❖ 起　止　点

根据历史文献记载，长城超过5000千米的有三个朝代：一是秦始皇时修筑的西起临洮，东止辽东的万里长城；二是汉朝修筑的西

起今新疆，东止辽东的内外长城和烽燧亭障，全长 13000 多千米；三是明朝修筑的西起嘉峪关，东到鸭绿江畔的长城，全长 8851.8千米。

山 海 关

若把各个时代修筑的长城总计起来，在 5 万千米以上。这些长城的遗址分布在我国今天的北京、甘肃、宁夏、陕西、山西、内蒙古、河北、新疆、天津、辽宁、黑龙江、河南、湖北、湖南和山东等 10 多个省、市、自治区。其中仅内蒙古自治区境内就有遗址 1.5万多千米，其次是甘肃的长城。

由于时代久远，早期各个时代的长城大多残毁不全，现在保存比较完整的是明代修建的长城。所以一般人谈的长城，主要指的是明长城。所称长城的长度，也指的是明长城的长度，明长城西起嘉峪关，东达鸭绿江畔。

❖ 长 城 关 隘

长城的关隘很多，如嘉峪关、山海关、居庸关、玉门关、井陉关、娘子关、雁门关、偏头关、平型关、古北口、喜峰口、榆林塞、黄崖关、瓦桥关、虎山长城、鸦鹘关、牛庄城、分水关等。

第三节　长城的地形

"因地形，用险制塞"是修筑长城的一条重要经验，在秦始皇的时候已经把它肯定下来，司马迁把它写入《史记》之中。以后每一个朝代修筑长城都是按照这一原则进行的。凡是修筑关城隘口都是选择在两山峡谷之间，或是河流转折之处，或是平川往来必经之地，这样既能控制险要，又可以节约人力和材料，以达到"一夫当关，万夫莫开"的效果。

修筑城堡或烽火台也选择在险要之处。至于修筑城墙，更是充分地利用地形，如像居庸关、八达岭的长城都是沿着山岭的脊背修筑的，有的地段从城墙外侧看去非常险峻，内侧则甚是平缓，有"易守难攻"的效果。在辽宁境内，明代辽东镇的长城有一种叫山险墙、劈山墙的，就是利用悬崖陡壁，稍微把崖壁劈削一下就成为长城了。还有一些地方完全利用危崖绝壁、江河湖泊作为天然屏障，真可以说是巧夺天工。

第四节 长城的构造

在我国历史的长久岁月中，许多封建王朝为了巩固自己的统治，都曾经对长城进行过多次修筑。我国古代千千万万劳动人民为它贡献了智慧，流尽了血汗，使它成为世界一大奇迹。不论是巨龙似的城垣，还是扼居咽喉的关隘，都体现了当时设防的战争思想，而且也标志着当时建筑技术的高度成就。

长城本体及附属设施所用的建筑材料，按其性质来说有泥土、石头、植物、烧砖四大类。当然，在建筑施工的过程中，还需要有黏合剂，用黏合剂才能把这些建筑材料修建成坚固的长城。最初的黏合剂是泥浆，后来出现了以石灰为原料的灰浆和以石灰、粉沙、黏土混合而成的三合土。

❖ 泥　　土

泥土是古代最常用的建筑材料。这是因为泥土资源丰富，在平原地区随处可见，成本很低，采集泥土也很方便。将泥土加工成建筑物墙体，主要有三种方法：一是夯筑；二是堆筑；三是坏筑。

一　夯　筑

虽然泥土的特点是松散，然而它却具有团聚性和可塑性，只要经过一定的人为加工，就能变成坚固的墙体。加工最常见的方法，是将泥土投入夹板中，用夯锤将泥土打实，这种办法被称作夯土版筑。在版筑过程中，随着墙体的不断升高，不断拆装木板，就要求

夹墙而列的木板必须结实耐用，才能经受墙体夯打时所产生的侧压力。故而有时候会采用顺直的原木作为夹板，在打好的墙面上就会留下很深的原木痕迹。整个墙体夯打完以后，才能将夹板拆除。这种夯土版筑中的木夹板，相当于现在水泥浇铸中所用的合子板。

由于长城墙体在不断升高，最后会达到 8～10 米以上，所以在夯土版筑过程中，必须搭建可以站人的交手架子。为了使交手架子结实，有时会将原木垂直插入墙体中，只露出一小段用于铺木板。在完工以后，插入墙体中的原木会保留下来。在西北地区的一些城墙上，有时会看见尚未脱落的原木，在原木脱落以后，会看到排列有序的黑洞，有如战后留下的弹孔。

二 堆 筑

长城墙体夯土版筑，是土筑长城最常见的形式，人们都比较熟悉。除此以外还有一种比较少见的形式，称作长城墙体堆筑。堆筑就是将泥土堆积成墙，稍加拍打而已。因为只是稍加拍打而没有进行打夯，所以堆筑的长城墙体比较疏松，是无法与夯土版筑的长城墙体相比的。

因为堆筑长城的墙体是经过多次堆土而成的，所以堆土的表面会呈弧形，不会呈水平面。而堆土的表面是用大平面重物拍打的，所以不会有夯打的痕迹。但是堆土的层次却很清楚，堆土层的厚度差别也很大，因为每次添土的厚度也不均匀。

长城墙体的断面一般呈梯形，外侧墙面坡度为 62～70 度，内侧墙面坡度为 38～44 度。墙体外面稍陡而里面则缓一些，是长城墙体最常见的特点，这种堆筑的堆土墙体也是如此。

堆土墙同夯土墙相比，其施工比较容易。不过，堆土墙的结实程度，是无法与夯土墙相比的。

三　坯　筑

坯筑是土墙体的另一种形式。用现在的科学术语来说，土坯属于免烧砖。

其实用土坯筑墙，早在原始社会就出现了。但是由于土坯没有经过焙烧，所以质地比较疏脆，在多雨水的地区土坯墙体很容易坍塌毁坏，所以土坯筑墙多用于西北的干旱地区。因为这种土坯是以泥土与碎草混合模制，在晒干以后即可以用于砌筑墙体，所以草茎在土坯中起着筋骨的作用，以增强土坯的整体性和刚性。

土坯是模制成型的，所以土坯的规格是大体一致的。由于模具的数量很多，在加工制作模具时难免会有一些出入，不过就整体而言，土坯的尺寸差别不大。土坯砌筑的方法，一般是用土坯平铺，上下两层土坯要压缝，也就是将土坯纵横交错，上层土坯要把下层土坯缝隙遮盖，上下土坯间的缝隙不能重合。这种土坯间的缝隙，就是现代建筑学上称的灰口。只有这样，才能保证土坯墙体的整体性和坚固性，防止大风沙和地震所造成的损坏。但是土坯的抗压强度仍然不是很好，砌坯的接缝处很容易遭到风蚀作用的破坏，一旦强风通风扩大，久而久之就会引起墙体的坍塌崩溃。

因此，为了防止墙体的崩溃就必须采取预防性的技术措施，这就是在墙体中充实红柳、芦苇、芨芨草等各种植物。多数墙体中是每砌筑3层土坯就铺上1层芦苇，也有的墙体是每隔9～10层土坯铺1层芦苇。这种情况与土坯的强度不同有关，对于结实的土坯墙体，可以少铺芦苇；而不结实的土坯墙体，则必须多铺芦苇，以保持墙体的坚固性。

❖ 石 头

石头是地球表面最丰富的自然资源之一，它的分布范围十分广泛。因此，石头易于开采利用，成本低廉。再加上其质地坚硬，使用寿命长久，所以成为古今中外著名的建筑材料。

石墙体的构筑，与夯土墙有些不同。夯土墙是用夹板来控制墙体的建筑，所以墙体两面都能够平齐如一。因为构筑墙体的自然石块表面很不规则，所以要使墙体平齐如一，必须采用与夯土墙不同的技术方法。

一 单面石墙

未经人为加工的石头，除了沉积岩石片以外，大多是很不规则的奇形怪状，所以被称作"毛石"。因此，在砌筑石墙体的过程中，尽量将石头的平面朝外，在墙体内侧往往形成凹凸不平，有如锯齿状。这种一面平齐，另一面不平齐的墙体，被称作"单面墙"。

"单面墙"的采用，与地形有直接的关系。由于山区和河谷常常有陡坡，所以要在陡坡上修筑墙体，必须把所用石块的平直的一面向下，而墙体的另一面，则用泥土填平。这样，从正面看来，它确实是一堵石墙，从背面却看不出是墙体，而是泥土堆积的平地，墙外、墙内就形成了很大的高度差。

单面石墙主要是依托墙后面的泥土，所以泥土必须充实或夯打。单面石墙外侧的墙面，一般不能垂直而立，而要略微向后倾斜一些。因为要承受后面的泥土，只有这样才能防止石墙体前倾而坍塌。而且泥土经过长期的沉积以后，会变得比较坚实，与石墙就会紧密地结合为一体了。如果石墙后面的泥土受风蚀、水蚀的作用大量流失了，那么，前面的石墙便会由于重心石墙的平衡而倾斜、倒塌，这是单面墙毁坏的主要原因。

二 双面石墙

双面石墙是石墙体中最常见的建筑方式，单面石墙墙体多是在比较陡的山坡上修筑的，在比较缓的坡地和平地上，只能修建双面石墙。因为双面石墙不必依托土坡而独立存在，这与单面石墙有明显的不同。

双面石墙的特点是：墙体的内、外两侧都有平齐的墙面。这与夯土墙是相似的。双面石墙的构筑，从墙体有无填土上来看，可以分为两种不同的类型，即墙内没有填土的干垒墙或干插墙和有填土的石墙。

干垒石墙是直接用自然的石块垒起来的，由于石块有大有小，其形状很不规则，故而干垒墙是没有层次的，许多的石块拥挤在一起，石块与石块之间，往往留下许多缝隙。因为石块的不规则性，所以干垒石墙的厚度往往因地而异，不尽相同。

有填土的石墙比干垒石墙更普遍一些。将不规则的石块砌成高大坚固的石墙，在施工中会遇到许多困难，其中最大的困难就是石块如何摆平。石块不能摆平，墙体也就不会平，更不会出现层次，为了解决这个问题，墙体必须填充泥土、碎石等。

有填土的石墙，墙体一般都是向墙体的中心线倾斜，其横断面为梯形，或稍有内倾的四边形。墙内的填土，一般是采用打夯的办法使填土密实、坚硬，成为石墙的可靠依托。土源丰富的地方，用黄土充填夯实；缺乏土源的地方，填土内可以加入砾石，以就地取材为原则。

填土石墙有个缺点，当风蚀、水蚀将墙内填土吹跑、冲跑了以后，石墙便会引起坍塌破坏，反倒不如干垒石墙结实了。

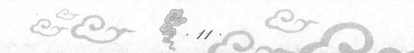

❖ 植　　物

在西北干旱地区，遍地多是戈壁沙漠，既缺乏石头，又缺乏土源，然而出于军事防御的需要，必须修筑长城。在缺石、缺土的条件下，人们创造了一种奇妙的方法，即以湖边生长的芦苇、红柳夹上粗砂、砾石构筑长城墙体。这种长城的外观有如草垛，所以被称作草墙。

草墙墙体的构筑方法大体相同，草框的长度完全相同，都是 6 米，其宽度也相同，约 3 米。只是所铺的芦苇层，有多少的不同。草墙的底宽应在 3 米左右，墙高应在 3 ~ 4 米。这样的草长城，完全可以阻止敌人骑兵的前进，将敌人阻挡在长城之外。

❖ 烧　　砖

砖墙是长城墙体发展的最高形式，也是最后的形式。此后，长城便完成了它的历史使命，走下了历史舞台。

烧砖比较多的应用于城市建筑，是从秦代开始的。烧砖发现之初，主要用于宫殿、陵墓等，大量用于城墙建筑，则是从金元时代开始的。

明代九镇的边墙，其墙体材料有土、石、砖之别。平原地区墙体多用夯土，山岭之地多用石头。砖墙在平原、山区都可以见到，但由于烧砖的成本比较高，所以九镇边墙的墙体，多见于要害部位，如关口、城堡属于边防的重点，多采用砖墙。

但是明代边墙上的砖墙，并非是通体内外都用砖砌，只是一种包砖墙，墙体的内部或是夯土，或是石头。它是在前代或前朝土、石墙体的基础上，进行改造加砖的结果。就整体而言，明代九镇边墙的砖墙体，所占比例不是很高，石墙和夯土墙是最主要的墙体。

第五节　长城的防御工程体系

　　战争就是利用各种手段，最大限度地保存自己，最大限度地消火敌人。冷兵器作战的时代，高大的城墙和有纵深的防御体系，在很大程度上抑制了游牧民族骑兵机动性强的优势，达到了保卫长城内农耕民族不受攻扰的目的。长城在中原北部地区防御作战中的作用，是利用城墙、沟壕、亭障、烽堡等工程设施，在被动的形势下，获得作战的主动权，达到消灭敌人、保存自己的战争目的。长城这一有效的防御手段，是用无数的鲜血和生命的代价换来的。长城防御不仅是历史的记录，同时也是人类文明进程中的宝贵精神财富。

　　长城可以起到阻止、抗击较少敌人侵扰的作用。若是没有长城，游牧民族的骑兵不论多少，甚至几个人、几十个人，都可以在任何方向上，毫无阻挡地驰骋于边陲之内，对农耕地区民众实施突然袭击，劫掠人畜财物。当守军前来救援时，他们却早已满载而归了。因为有了长城防御工程，并有一定的兵力防守，少量游牧骑兵就因无法越过长城而大量减少了侵扰行动。即便是几百上千人较大股的部队，也不敢轻易越过长城，否则很可能被围歼在长城里面。守军可以依托长城防御工程，集中优势兵力对侵入长城内的敌军实施打击，将其歼灭于长城脚下。

　　当遇到游牧民族骑兵大兵团进攻时，长城可以起到消耗、迟滞敌人，争取防御部署时间的作用。游牧骑兵的最大优势就是机动性强，若没有长城防线的阻挡，游牧骑兵可以在很短的时间内长驱直入，给农耕地区造成严重的灾难和破坏，而面对大规模的流动劫掠、袭扰，守军难以在短时间内集中作战兵力。有了长城及防守部队，守军则进可攻退可守，基本居于主动地位。当敌军先遣部队接近长城防御区时，守军通过烽燧向防守部队报告敌情，部队开始进入紧急战备状态，准备迎敌作战。当敌军主力攻打长城时，机动部队可以支援受到敌人重点进攻的长城段，同时还可以较为从容地部署第二道防线，阻击敌军向纵深发展，迅速集中主力形成优势，与进犯的敌人决战，将其歼灭于长城内外附近地区。

❖ 完备而严密的屯兵系统

长城防御的屯兵系统，是一个完备而严密的体系。长城线上的每一个据点都与周围的防御工事、各级的指挥中心密切相连。更高级别的指挥中心，则与统治中心王朝首都保持着直接联系，从而形成了一套由点到线、由线到面、分地守御、重点设防的长城防御屯兵系统。

我国历史上各个朝代长城的屯兵系统，都有不太相同的名称，但其基本职能大体是一样的。汉和明两代长城使用时间较长，防御体系最为完备，从这两个朝代的长城使用过程，我们可以清楚地了解长城屯兵系统的情况。

汉代初期主要靠侯、王的部队为边地屏障，武帝北占匈奴之后，建边郡置边军，统属国家的长城屯兵系统才逐渐严密完备起来。汉代边郡的郡太守是最高指挥官，品阶为两千石。由他总领的全郡兵马，每年除巡行边塞之外，还要视长城及亭燧的损坏情形进行修缮。其副官为长史、丞，长史、丞一般分屯于沿边要地。

郡太守之下设有若干部尉，在内地郡的都尉是郡太守的副手，

协助郡太守负责本郡的军事和治安工作。但在长城沿线的边郡，每个都尉都统领一个都尉府。边郡都尉的品阶与郡太守一样，都是两千石。都尉下辖若干个侯。侯的副职为侯丞。侯下属的军官有塞尉、士吏、令史、尉史等。塞尉、士吏等分屯在沿长城的烽堠。堠、燧、亭是长城上的最基层防御单位。堠有堠长；燧有隧长；亭有亭长。他们各领其事。堠长、塞尉、士吏等军官的驻地，又称为鄣。

侯官负责辖内烽侯亭燧的管理，都尉府的命令由侯官下达到烽燧亭障，再把前线的军事情况上报到都尉府。侯官还负责对部属的督察考核，负责军粮、军械等军需物品的发放。都尉、侯官的治所往往设于关隘要塞，如西汉敦煌郡下的玉门关、阳关都尉所，就是河西走廊的重要关口。

明代沿长城初设辽东、蓟州、宣府、大同、太原、榆林、宁夏、固原、甘肃九镇。随着长城防御态势的变化，到明末发展成为十三镇。每镇都派总兵率军镇守，副总兵协守并派有参将分守。镇的下面又设若干路，路下设关、口等。明代长城沿线的守边部队，均驻在长城附近用于屯兵的城堡之内。镇城、路城、卫城是较大的屯兵城堡，城周一般 2 ~ 4 千米。所城、堡城是较小的屯兵城堡，城周一般 0.5 ~ 2 千米。

镇城是巡抚、总兵的驻地。路城一般由参将分守，屯兵 12000 人左右。卫城一般由游击将军或守备等中级武官驻守，屯兵 5600 人左右。所城一般由千总等中下级武官驻守，所城屯兵 1100 余人。

堡城是长城防线最基层的驻军场所，每座堡城都负责一段长城和相关烽燧的防务。堡城下辖总旗、小旗及台丁。堡城一般设在长城内侧，是易守难攻的军事要地。敌人来了，凭借有利地形既可设伏兵阻击敌人，又能向敌人发起攻击。堡城内屯兵多的 400 人左右，少的有 100～200 人。

在长城的一些交通要隘，还设有大小不等的关城。驻守兵力视关隘的大小而定，一般中小关隘有数百或数十人不等，大型关隘有数千甚至上万人。长城防御区内各级指挥官，平时分别负责所管辖地段长城的巡防守卫，战时则根据军情需要，带领所部参加长城沿线的作战行动。长城防御区内各级指挥官，分别对上一级指挥官负责。

❖ 快速反应的烽火报警系统

烽火报警系统是长城沿线卫戍部队用以报警的通讯系统，主要由一系列烽火台和台兵组成。有敌情时，驻守烽火台的士兵以张挂标志、点燃烟火或鸣放枪炮等手段，按照事先规定好的数量，依次将军情信息传递下去。

周幽王烽火戏诸侯，讲的就是烽火台的故事。公元前 8 世纪西周的最后一个君王周幽王昏庸无道，他特别宠爱的妃子褒姒很少有笑容。为博得美人一笑，有一天周幽王带着褒姒来到骊山烽火台，告诉她，只要在烽火台上点燃烽火，诸侯国就一定以为有战事，会立刻派兵来援助。褒姒不信，周幽王便下令点燃烽火。一个接一个的烽火台，把军情传给各地的诸侯，他们真的以为国都受到进攻，纷纷率领军队前来救援。各路诸侯马不停蹄赶到骊山脚下，看到的却是周幽王正和妃子在高台上饮酒作乐。看到诸侯们的狼狈相，褒姒觉得很好玩，忍不住大笑起来。几次这样的恶作剧后，当真的有了军情时，诸侯们都不再相信周幽王，任凭烽火连天，就是没有人前来救援，周朝的国都很轻松地就被攻破，周幽王也被杀死了。

烽火台作为长城沿线通讯报警系统的重要设施，一般建在视野较为开阔的地方，数量依地形山势和可视距离而定。在长城沿线及

烽 火 台

其延伸地区，有数条烽火台建筑系列。长城上发现敌情，通过这些烽火台举起醒目的标志或点燃烽烟、烽火，以最快的速度向上级或相邻防区传递出有关信息。

汉代将烽火台称为"烽燧"，每个烽燧都常年派兵驻守。"烽"是用易燃的柴草置于笼筐中，系在长杆上。夜间点燃后高高举起，以火光和数量传递出军情、敌情。"燧"是一种用于白天传递军情信息的手段，有敌情时点燃事先在烽火台或燧台上备好的积薪，以浓烟示警。积薪一般是用芦苇结扎成一束束，有的用手举着燃放，有的堆在地上燃放，视敌情严重程度而定。除烽燧之外，还有一种军情传递手段，就是白天在烽燧上高举起醒目的标志。这些标志被称为"表"，由树枝和布料、毛皮等做成，有圆、方、三角形等不同形状。

为了让火光在夜间能传播得很远，所以烽火台往往设在较高的地方，两个村相邻烽火台的距离也较远，而燧则相对要低矮一些。据出土的汉简记载，烽火台高16米余，烽杆长10米，烽火台相距平均

20～25千米。燧设置的密度就比较小了，相距5千米左右。明代以后，还将烽火台称为烽堠、墩堠、狼烟台、烟墩等。烽火台一般由砖石砌成，燃烽时还常常要在柴草中夹杂些牲畜干粪，据说这样燃放出来的烟，可以飘得更高更直，更易于被下一个烽火台所辨识。

明代烽传燃烟放火制度在前代基础上有所改进，除了点烽、燃烟之外，还规定了鸣炮制度。在点火放烟时还规定要加一定量的硫磺、硝石，这样可以起到助燃的作用。烽火台常年配备有旗帜、鼓、弩、软梯、炮石、火药、狼粪、柴草等物品，随时都可以将入侵之敌的数量及军情紧急程度，用不同的方法传递出去。如明朝规定："若见敌一二十人至百余人举放一烽一炮，五百人二烽二炮，千人以上三烽三炮，五千以上四烽四炮，万人以上五烽五炮。"

明代对烽燧的管理十分严格，戍卒擅离职守，贻误军情要受到严厉处罚，这方面有法令规定：看守烽燧烟墩的士兵，务必坚守岗位，要广积秆草，昼夜轮流看望。遇有紧急敌情，昼则举烟，夜则举火，将情报一次传送出去，不得延误军情信息。由于传授及时正确而克敌者准奇功，违者处以军法。

❖ 安全有效的驿传交通系统

驿传交通系统包括为递送公文的人员或往来官员提供临时居住和更换马匹的条件，保障军事物资运输和储备的安全。驿传交通系统由驿路城、递运所、驿站等组成。这些城、所、站驻地，都修建有坚固的城墙，配备有常设的防御兵力。长城沿线的驿传交通系统，是长城防御体系的重要组成部分，设置得十分完备。

长城防御区内设置有驿传交通、邮书传递的设施，并建立相应的制度，可以说是和长城防御工程建设同步发展起来的。秦始皇统一六国后，为加强对全国的控制，下令修筑以咸阳为中心通往全国各地的驰道。驰道路面很宽很平，因马匹在路上可以飞驰，故称之为"驰道"。著名的驰道有9条，其中通往陕北上郡的上郡道，通往宁夏、甘肃的西方道，通往九原的直道等都是和秦长城相通的。由于大规模的道路建设，驿传在此时也有了长足发展，从长城到首都的各主要交通干线上都设有驿站，中央与县郡直至边塞的联系得到空前加强。

传送紧急诏令和军事文书的士兵，到一个驿站之后换马不换人，昼夜不停可日行千里，以最快的速度将诏令和文书送达目的地。汉代长城上的驿传系统，除负责政府文书的邮递之外，也还负责部分私人信函和简单物品的邮递。公私邮书由驿路线上的亭燧吏卒，一站接一站地传送。邮书传到一个烽燧时，若是过路邮书则由值班燧卒收发，由送递燧卒依次送达。每站经手的燧卒，要签名并登记收受日期。若是发致本燧的邮书，经手燧卒签收后要上交燧长。

遇有紧急军情，则用"檄"来快速传递军情和上级命令，所有的驿站都要给檄的传递开绿灯。从甘肃敦煌汉长城烽燧内出土的汉简可知，"檄"是一种形制特殊的木简，呈多面杆状。下端尖细，便于手的握拿或揣在腰间。上方有槽口，军情紧急时要在"檄"上插羽毛以示特急，这就是史书上常说的"羽檄"。

金朝效仿宋朝的建置，在有驻军的主要交通线附近，建设了很多的递铺。递铺好像一个方形的小城堡，卧角插着黑旗。铺与铺之间的距离，一般在5千米左右，每铺有4名土卒管理。递铺和驿站都归朝廷的兵部统一领导。驿站按照规定的标准，供给过往官员的食宿和车马。

明朝在长城区域内每条驿路上，除设有供递送公文人员或往来

官员暂住、换马的驿站，还设立了递运所。这些独立于驿站的递运所，专门从事货物运输的组织管理工作，主要任务是负责国家的军需、贡赋和赏赐等物资。设置递运所，采取定点和接力的方法运送物资，是明代运输业的一大进步，使货物运输有了专门的组织，从而提高了效率，降低了成本。

驿传城、驿传所的负责人叫驿丞。驿路上的城、所、站，根据驻扎兵员的多少，修建有坚固的防御城堡，城一般为四方形，有与驿路相平行的两个城门。在城堡附近建有站台，以保障驿路城、站间的联系。专家对辽东镇长城的考察表明，大约每15千米设一驿路，驿站下有铺、亭、台等设置，有的还有递运所。

驿站使用的凭证叫"邮符"。凡需要向驿站要车、马、人夫运送公文和物品，都要验证来者的"邮符"。官府使用的"邮符"称为"勘合"，兵部使用的"邮符"称为"火牌"。使用"邮符"有极为严格的规定，对过境有特定任务的还需要派兵保护。马递公文，都要加兵部"火票"，沿途各驿站按"火票"的要求接递。如果公文"火票"写的公文等级是"马上飞递"，传递速度就要日行150千米。如果紧急公文"火票"标明的是200千米、250千米或300千米，驿站就必须按要求的时间送达。

❖ 寓兵于农的军需屯田系统

军屯制度是长城防务的一个重要组成部分，也是中央政权戍守边疆的一项战略措施。军屯制度最早始于西汉，以后历代政权都承汉制，以发展屯田为开发长城区域的第一要务。汉武帝时，凭借汉初几十年休养生息所积聚的力量，在河西逐击匈奴，设置四郡，修筑长城，投入了极大的人力和物力。在军需物资负担繁重的情况下，汉朝政府实行了"无事则以为农，有事则调之为兵"的政策。这种"寓兵于农"发展屯田的做法，是维护西域地区和平，丝绸之路畅通的保障。

军屯的最大特点是利用守边戍卒，一边屯垦一边戍边。汉朝边事很多，戍边是西汉农民较重的徭役之一。朝廷以戍卒名义，将内地农民调到边地屯戍、备战。征调来的农民到戍所后，按分派给他所做的事情分为戍卒、燧卒、亭卒、鄣卒、田卒、河渠卒、守谷卒。前四种的任务是戍守长城沿线烽燧亭堠，后三种的任务是屯田生产。田卒负责种地，河渠卒负责水利灌溉，守谷卒负责谷物仓储。军屯人员的粮食和生活必需品、生产使用的农具都由官府统一供给，军屯的全部收获也都上缴官仓。

明朝建国之初就将军屯作为一种制度确定了下来。为了防御蒙古各部族的不断侵扰，在大修长城的同时，从长城九镇最东边的辽东到最西边的甘肃，都大兴军屯。驻守在（7000多千米）长城沿线的上百万军队，一边耕种，一边戍守，且战且农，实现了"屯田以给军饷"的目的。

明朝在长城沿线实行的是都司卫所制度，卫的长官为指挥使。卫下设千户，长官为千户，千户之下设百户。各省负责统领卫所的都指挥使司，直接归中央的五军都督府管辖。军屯的戍卒都另立户籍，叫军户。军户世代承袭，永世不得脱籍。长城九镇卫所的军队，一般是30%负责长城的戍守巡视，70%负责生产屯种。军情较为紧张的地方，也有戍守和屯田人员按各50%分配的。卫所按月给戍守军士发饷粮，屯田军士的粮饷按戍守军士粮饷的半数发给。负责屯田的军士，必须按规定的数额交纳税粮，以充军粮。

军屯为军队戍守长城提供了坚实的物质基础，既解决了军队的口

粮，同时又开垦了大量的荒地，减轻了人民的劳役和赋役负担。明朝修建、戍守长城的初期和中期，军屯起到了重要的保障作用，但到后期，随着军屯的荒废，粮食等后勤供给就全靠中央财政了。很多地方的军屯耕地和军户，也成了一些军官或地方官员的私有财产。

❖ 长城攻守器械及兵器

春秋战国时期出于进攻和防御的军事需要，在大规模修建长城的同时，攻城和守城的器械也迅速发展了起来，秦汉之后更加完备。攻城器械包括攀登器械、挖掘器械，以及破坏城墙和城门的冲撞器械。秦汉以来主要的攻城器械有壕桥、云梯、巢车、临冲吕公车等。

壕桥，是攻城部队通过城壕的器械。两根长圆木，上面钉好木板，搭在城壕两岸。如果城壕较宽，还可以将两个壕桥用转轴连接起来，做成折叠式加长壕桥。

云梯，是一种攀登城墙的器械。云梯靠人力扛抬将梯身架到城墙上，梯顶端的钩子钩住城墙顶部，士兵攀缘而上。折叠式云梯中间以转轴连接，用以攀登较高的城墙。为了保障架梯士兵的安全，较先进的云梯底部有用生牛皮做成的保护装置，士兵在接近城墙时，可以有效地抵挡城墙上投放矢石所造成的伤害。

巢车，是一种用于观察敌情的瞭望车。车上竖有两根长柱，顶端设有一辘轳轴，上面系有一个四面开有 12 个瞭望孔的小板屋。攻城时通过辘轳车将小板屋升高数丈，可观察城内敌情。

临冲吕公车，是古代一种巨型攻城战车，也是当时世界上最大的战车。车高数丈，长数十丈，车内分上下 5 层，每层有梯子可供上下，车中可载数十名士兵，配有机弩毒矢、枪戟刀矛等兵器和用以破坏城墙设施的器械。进攻时众人将车推到城脚，车顶可与城墙齐高，兵士们通过天桥冲到城墙上与敌人拼杀。

攻城器械中还有用来破坏城墙、城门的器械，如搭车、钩撞车、火车等，攻城作战，都是各种攻城器械并用。

守城器械是防御敌人攀爬城墙，破坏城门、城墙，挖掘地道的器械，主要有撞车、滚木、礌石等。

撞车，是用来撞击云梯的器械。在车架上系一根撞杆，杆的前端镶上铁器，当攻城的云梯靠近城墙时，推动撞杆将其撞倒。

滚木，用于杀伤攻打到城下的敌人。特别是从较高地势向下滚放长粗圆木，可以有效杀伤进攻的敌人。

礌石，从高处推下撞压敌人的石头。明长城使用的礌石中间装有火药，抛出后爆炸开，对进攻到城下的敌人杀伤力很大。

守城器械还有塞门刀车等，用来阻塞被敌人破坏了的城墙和城门。

除攻、守城器械之外，进攻和防御长城的士兵，早期只使用钢铁等材料制作的戈、矛、弓箭等冷兵器，后来发展为使用火铳、鸟铳、火炮等热兵器。

春秋战国时期多使用铜制兵器，到秦汉时铁制兵器基本上取代了铜制兵器。除了春秋时期所产生的矛、戈、戟等长兵器以外，还有短兵器刀、剑，远射兵器弓、弩，防护兵器盾牌、铠甲和砍砸兵器锤、斧等。管形射击火器发明之后，很快在长城攻防战中被广泛使用。到明代火器已经发展到了我国古代的很高阶段，并出现了专门使用火器装备的部队。

管形火器的形式多种多样，主要有两大类：一类是可以手持点放的火铳和鸟铳，其形制和口径都较小，发射铅弹和铁弹等，射程一般在数十步到两百步内外。火铳是我国第一代金属管形射击火器，标志着火器的发展进入了一个崭新的阶段。另一类是口径和形体都比较大的火炮。火炮安装在炮架或炮座上发射，人多发射石、铅、铁等实心弹丸。根据长城沿线出土的文物来看，火炮的类型多达数十种。火炮一般用铸铁做成，但在明长城蓟镇，也有保存完好或残破的石炮被发现。

第六节　古代长城带

❖ 关于长城带

我国特殊的地理位置和地形特点所构成的地理环境、气候特点，决定了整个我国内陆古代经济、文化大致分为东西两大区和南北三带的天然布局。

东西两大区即北起兴安岭，经燕山、阴山、贺兰山、岷山至横断山脉一线，以东为农业经济发展地区，其西是畜牧业（间有河谷或绿洲小块农业）经济发展地区。南北三带即秦岭、淮河以南为水田农业经济发展带；秦岭、淮河以北至阴山、燕山以南和东北平原是旱作物农业经济发展带；阴山以北，贺兰山以西为畜牧业经济发展带。

两区三带的天然布局，构成我国内陆古代农、牧两大经济、文化类型。长城带包含了整个旱作农业经济发展带和畜牧业经济发展带的大部，构成了一个完整独立的经济体系。经济上以农业经济为基础，畜牧业是农业的重要补充，两种经济相互依存，互相补充。

文化上以农耕文化为主导，农、牧两种文化相互渗透和吸收，不断汇聚与辐射。在历史发展过程中，农业首先在黄河中下游发展起来，成为整个我国农业经济、文化的腹心，并成为全国经济、文化交流汇聚的中心。在整个畜牧业经济区，自兴安岭以西、阴山以北的内蒙古大草原，凭借得天独厚的条件，发展成为畜牧业经济、文化的腹心。长城就坐落在这两个经济、文化腹心的自然交汇处，它是一定的经济发展基础的产物。长城既将两种经济、文化隔开，又将两种经济、文化联结在一起。

❖ 长城带的民族关系与民族格局

长城带古代的经济、文化结构与古代民族的构成格局，决定了我国古代农业经济地区与畜牧业经济地区的关系集中表现于长城一线，其农业经济、文化与畜牧业经济、文化的对立统一也沿长城一线展开。与此相适应的我国古代的民族问题也集中于长城一线，表现得异常突出，无论是民族间的联合与交流（政治的、经济的和文化的）还是民族间的斗争（军事的、政治的）都沿长城一线展开，它对于主体民族的形成与发展，主体民族与长城带各民族的关系，以至整个中华民族的形成与发展都曾起过重要作用。这是由于我国古代经济体系一分为二、农业经济与畜牧业经济的对立统一所决定的。

民族格局总是反映着地理的生态结构。两大经济、文化腹心的形成，标志着两大系统民族的初步形成。西周以来，长城以南的农业区形成华夏民族，近长城以南的黄河中下游，经济文化处于领先地位，建立起以早期汉族为主体的强大秦汉多民族统一的封建大帝国；长城以北畜牧业地区，也于战国末形成以匈奴族为主体的多民族统一的匈奴奴隶制政权。长城的修建，成为我国古代民族形成的标志。而秦汉的长期统一，铸就了中华民族多元一体格局的雏形。自秦汉至明清，匈奴、氐、羌、东胡、乌桓和鲜卑、突厥和回鹘、党项和契丹、女真、蒙古等古代民族反复汇聚长城带，逐鹿中原，形成古代民族发展的一个又一个高峰，进行一次次民族融合。在融合、发展的过程中，一些民族实体消失，又一些新的民族实体诞生。到元、明后期，长城带的近代、现代民族实体都先后形成，构成长城带当代民族的多元一体格局。

❖ 长城带经济、文化的对立统一与发展

农业和畜牧业是两种截然不同的生产方式。农业需要人员定居稳定生产，而畜牧业人员却在流动中放牧，两种生产方式各有其不同特点，因而农、牧两大类型的经济、文化，自古就有矛盾的一面。畜牧业生产的单一性和不稳定性，使之对农业有很强的依赖，又常常造成两种经济、文化的失衡，出现严重的对抗。

而古代牧区保留的部落亦兵亦民的集群社会组织，很容易形成军事优势，有时进入农业区掠夺，给农业区造成极大破坏。长城的修筑与存在，便起到了把农、牧两个民族隔离开来，借以增强对畜牧业民族掠扰的抗御能力，使之不能轻易得逞，从而有利于保护中原地区的农业经济和先进的生产方式，有益于社会生产力和封建文明的发展与积累。

自秦汉至明，控制中原地区的历代统治者，多数都利用农业社会的强大组织力量，不断修筑长城，同时采取大规模向长城带沿线移民、修筑交通通道、开拓边疆新区域等举措，促进了中原地区经济、文化的发展。而通往西域的河西走廊交通孔道的打通，长城的

延伸，使畜牧业经济地区一分为二，削弱了游牧民族对中原农业区的威胁，使中原农业区与新疆南部农业区联结成为统一体。随着历史的发展，这条通道进而成为联结中亚、南亚、西亚以及欧洲、非洲的走廊和重要枢纽，成为中西经济、文化交流和国内东、西部各民族经济、文化交流与辐射的极其重要的输送线。所有这些，为中原经济、文化的发展与扩散提供了广泛的机会。

更重要的是农、牧两大经济、文化类型之间存在相互依存、相互需要、相互促进的关系。农业经济既需要畜牧业为自己提供农耕、运输用的畜力和战马、牲畜、皮毛、珍贵药材等畜力和物力，也需要不断向畜牧经济区出卖农副业及手工业产品等，使畜牧业经济地区成为农业经济地区的重要商品市场；而畜牧业经济不仅需要农业经济地区提供粮食、布匹和铁、铜、锡、金、银、陶器等各种手工业品，而且也需要出卖自己的皮毛、药材等产品，这样便促使了两种经济的贸易交换沿长城一线不断展开。

自秦汉至明清，长城沿线的许多关口，在历史上都成为农、牧两大经济、文化系统民族交易的场所或中心。加之特殊情况下的民族之间的抢掠，使农、牧业产品沿长城一线集散，长城一线也就成了国内最大的贸易市场和物资供求、集散基地。在历史发展过程中，许多关口逐渐发展成为长城沿线的重要城镇。可见，长城既保证了农业经济、文化与畜牧业经济、文化的正常发展，又为二者的交流和相互补充提供了场所和方便，还起着调解两种经济，使农、牧业经济朝着主辅相互配合的方向发展的重要作用，从这个意义上讲，长城又是农、牧经济的汇聚线。因此，长城不单纯是曾起过将两种经济、文化分割开来的作用，更重要的还曾担负着将两种经济、文化联结在一起的重任。

第七节　长城的历史价值与现实价值

❖ 历史价值

长城是我国古代民族关系发展的产物，但目前对于长城南北民族关系内在发展规律的研究尚不充分。总结已有的研究成果，拓宽研究领域，揭示长城与我国民族关系发展的内在联系，对于长城学、民族学及我国民族关系史等学科研究的发展，对于促进民族团结都有重大的现实意义和重要的理论研究价值。

在历史发展过程中，长城带的古代民族，有些消失了，一些新的民族又融合生成，它们都与当今分布在长城带的 20 多个民族有着密切的渊源关系。无论已经消失的还是至今继续发展的各民族，都对我国的历史发展做出过重要的贡献。

西周以来，长城以南的农业区形成华夏民族，近长城以南的黄河中下游，经济文化处于领先地位，建立起以早期汉族为主体的强大秦汉多民族统一的封建大帝国；长城以北畜牧业地区，也于战国末形成以匈奴族为主体的多民族统一的匈奴奴隶制政权。长城的修建，成为我国古代民族形成的标志，更重要的是使农、牧两大经济、文化类型之间存在相互依存、相互需要、相互促进的关系。

长城的作用就是防御敌人。因此，军事上就是要利用地形，地形利用好了，一夫当关，万夫莫开。长城从建筑的设计、工程地形、地理、地质，都完成得非常好。长城的施工修建完全是因地制宜，就地取材。这也是一条很了不起的经验。长城的这些建筑，各个地方用各种材料。山上用石头；在平地，黄土高原用土，有的用土石结合；在阳关、玉门关，用沙砾、芦苇，很有创造性，非常伟大。利用自然，适应自然，这是了不起的建筑设计思想，而且建筑施工标准也非常高。

长城是中华民族的骄傲与象征，是世界伟大的古代建筑奇迹之一。雄伟壮观的万里长城是人类建筑史上罕见的古代军事防御工程，是中华民族的骄傲与象征，它凝聚着我们祖先的血汗和智慧。它以悠久的历史，浩大的工程，雄伟的气魄著称于世。

古今中外，凡到过长城的人无不惊叹它的磅礴气势、宏伟规模和艰巨工程。长城是一座稀世珍宝，也是艺术非凡的文物古迹，它象征着中华民族坚不可摧永存于世的意志和力量，是中华民族的骄傲，也是整个人类的骄傲。

❖ 现 实 价 值

长城是一座历史的实物丰碑。在万里长城身上所蕴藏的中华民族2000多年光辉灿烂的文化艺术的丰厚内涵，除了城墙、关城、镇城、烽火台等本身的建筑布局、造型、雕饰、绘画等建筑艺术之外，还有诗词歌赋、民间文学、戏曲说唱等。古往今来不知有多少帝王将相、骚人墨客、诗词名家为长城留下了不朽的篇章。边塞诗词已成了古典文学中的重要流派。

长城象征着中华民族坚强不屈的精神，克服困难的毅力。这种精神激励我们永远前进。新中国成立之后，党和国家十分重视旅游事业的发展，特别是改革开放以来，发展旅游事业更是作为政府重点工作之一，万里长城以其蜿蜒曲折、奔腾起伏的身影点缀着中华

大地的锦绣河山，使之更加雄奇壮丽。它既是具有丰富文化内涵的文化遗产，又是独具特色的自然景观。在旅游开放中，万里长城具有独特的优势。

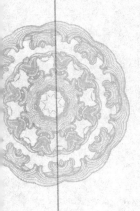

第二章

长城的历史

长城开始修筑的时期，大约在公元前七世纪。那时正是我国历史上的春秋战国时代。由于诸侯之间互相兼并的结果，出现了秦、楚、齐、燕、韩、赵、魏等几个大的诸侯国。各诸侯国为了防御，各自在自己的土地上修筑长城。另外还有一些小国如像中山国（在今河北省中部）也修筑了长城。秦始皇以前各诸侯国修筑的长城，由于年代久远，两千多年来未加修理过。秦始皇还下令把一些关隘险阻拆除了，以至遗迹难寻。

第一节　秦始皇之前的长城

❖ 最早的长城——楚长城

根据历史记载，最早修筑长城的是楚国。楚长城在历史文献记载上被称作"方城"。

《左传》上记载有这样一个故事：楚成王十六年（公元前656

楚 长 城

年），齐国要进兵攻打楚国。齐国的军队已经到了陉这个地方，楚成王于是派屈完去迎敌。屈完到了召陵这个地方与齐国的军队碰面了。他对齐侯说，如果真要打仗的话，楚国有方城可以作为城防，有汉水作为城池，足可以抵挡一阵子，这对你们齐国是没有好处的。齐侯见楚国的防御工事果然坚固，只好收兵了。

像这样别的诸侯国家去攻打楚国，到了方城就被阻挡回去的情况，在古代文献上还有不少记载。这些情况不仅说明了楚方城在防御其他诸侯邻国侵扰上的功用，而且也说明了方城不是一般孤立城市的城垣，而是连绵不断的城防，构成了一个完整的防御工程。这便是长城的开始。

关于楚长城的建筑形式，由于保存的遗址尚未查清，目前尚不能确证，但从历史文献记载上的情况可以得出如下的结论：

（一）楚长城起初是由列城发展而成的。

列城是指一系列依地形排列的防御性小城，作为屯兵警哨之所。城与城之间有的地方依险为屏障，有的地方筑城墙用以连接起来便成了巩固的长大城防。列城是长城的一种重要形式，后来秦汉时期的长城还大量采用了列城的形式。从古代军事学和防御工程原理来看，从相隔一定距离的列城（或是亭障、烽燧）中间逐步修筑城墙联系，发展为成千上万里的长城防线是合乎科学发展规律的。因此可以说，楚方城（或称方城）就是最早的长城。

（二）楚长城的建筑，因地制宜，就地取材。

《括地志》上说："故长城在邓州内乡县东七十五里，南入穰县，北连翼望山，无土之处，累石为固。"这种根据地形地质情况，就地取材的办法，以后各朝代修筑长城也大都采用的。

（三）楚长城利用山河之险以为城。

《水经注》上记载郦县的一道楚长城说，这道长城的"北面虽无基筑，皆连山相接，而汉水流其南"。这就是说在高山险阻和大江为堑的地段，利用山河作为险阻，不再修筑城墙。这种情况，在以后历代长城建筑工程中，也都往往采用。这也证明了《左传》上屈完答齐桓公那段话"楚国方城以为城，汉水以为池"，不是虚构的。

楚长城的位置，根据历史文献记载，它的西头从今天湖北的竹山县开始，跨汉水辗转至河南的邓县，往北经内乡县，再向东北经鲁山县、叶县，往南跨过沙河直达泌阳县，总长将近1000里。从地理位置上看，这一道长城正好处在当时楚国都城郢都的西北和东北面，对于防御较为强大的诸侯邻国秦、晋、齐、韩、魏等的进攻是恰当的。

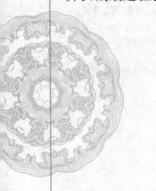

❖ 齐 长 城

　　齐也是春秋诸侯国家中修筑长城较早的一个。古代历史文献中有许多关于齐长城的记载。最早的是灵公二十七年（公元前555年），这是齐国在平阴修筑的一道防御工事，防门后来一直是齐长城的一道重要关口。到齐康公元年（公元前404年），《竹书纪年》上已记载了晋烈公命韩景子、赵烈子、翟员攻打齐国，进入长城的事。《史记·赵世家》也有赵成侯七年侵齐到了长城的话。因此，可以说齐长城最迟在公元前五世纪就已经有了。

齐长城

　　齐长城起讫的地点和经过的地段，历史文献上记载得也很清楚。《水经注》："汶水，出朱虚县泰山，山上有长城，西接岱山，东连琅玡巨海，千有余里，盖田氏之所造也。"其他如像《通典》、《元和郡县志》、《读史方舆纪要》、《泰山道里记》等对齐长城所经过的地方都有记载。与现在的情况相对照,齐长城是西从今天山东平阴县北起,向东乘山岭经泰安西北,莱芜县北,章丘县南,淄川县西南,临朐县南,安丘县西南,诸城县南,琅玡台北至胶县南的大朱山东入海。

现今齐长城的遗迹在山东境内上述经过的地方还隐约可以看出,有一些地点还保存着城墙的遗址,是春秋战国时期长城遗址保存得较多的一处。

❖ 中 山 长 城

春秋战国时期,在今河北省中部正定、石家庄的西北,有一支少数民族鲜虞逐渐强大,建立了一个强悍的名叫中山的诸侯小国。它东与齐国相邻,北与燕国相接,西南与晋、赵相连,四邻都是强大的诸侯国家。中山虽然国土不大,但是民族非常强悍,经常打败晋、赵等强邻。据最近在石家庄西北的平山县三汲公社发掘出的中山国王陵墓出土的铜器看,中山国当时的冶金技术和工艺水平都是十分惊人的。据《左传》记载,定公三年(前507年)秋天,鲜虞曾经大败晋军于平中这个地方,以后又多次打败晋、赵军队。但中山由于四面强邻,国土又小,终因寡不敌众,在公元前296年被赵国赵武灵王的儿子赵惠文王所灭。

中山为了防御西南强邻赵、晋的袭击,也修筑了长城。《史记·赵世家》记载:赵成侯六年(前369年)"中山筑长城"。由于中山对东北的齐和燕采取联合政策,没有相互冒犯。所以经常发生战争的是赵和晋,尤其赵武灵王把中山当作他的心腹之患。因此,中山长城的位置应在它的西南部与赵、晋交界处。根据《汉书·地理志》、《括地志》和《读史方舆纪要》等记载，中山长城的位置在今河北、山西交界的地区，纵贯恒山，从太行山南下，经龙泉、倒马、井陉、娘子关、固关以至于邢台黄泽关以南的明水岭大岭口，全长500多里。

❖ 魏 长 城

魏国为战国七雄之一，它的东面有淮、颍水与宋、齐为邻，南

魏 长 城

有鸿沟与楚为邻，西北过渭河、沿洛水与秦为邻，北与赵为邻。魏文侯即位以后，重用西门豹、李悝等人，兴修水利，发展生产，一时国力强盛，成为战国初年最强盛的国家。但是西面的秦国和南面的楚国也日渐强大起来，尤其是秦，经常对魏发动袭击，禽获魏国的将士，占领魏国的疆土。这样，魏不得不修筑长城设防。而且，魏的西北又有一小部分领土与西戎相接，防秦防戎，就成了魏军事

上的大事。于是开始了长城的修筑。

魏长城共有两道：一是西北的防秦和防戎长城（河西长城），二是西南长城（河南长城）。

一、河西长城

河西长城修筑的年代，据《史记·秦本记》记载是孝公元年（前361年，即魏惠王九年）。现在这道长城的遗址在陕西省境内的华阴、韩城、延安、绥德等地尚有保存。

二、魏河南长城

《竹书纪年》上记载，这段长城是在梁惠成王十五年（前355年）所修筑的。根据《水经注》上所记得知这一长城自阴沟开始，经大河故渎东，在阳武跨过阴沟左右二渎，过北济水、南济水，以经管城，往西南至于密，全长约600里。

❖ 郑 韩 长 城

这道长城先是郑国所筑，后来韩国灭了郑国，继续修筑并使用。而且在历史文献上，有时被称作韩，有时被称为称郑，因此，把它

郑韩长城遗址

称作郑韩长城。这段长城建筑的年代,《竹书纪年》上记载说,梁惠成王十五年（前355年），郑筑长城，自亥谷以南。这一长城与魏国的东南河外长城相合，是用来防秦的。

❖ 秦昭王长城

秦在始皇之前，已经有了争霸的趋势，力图东进，统一天下。因此，在其与东南邻界诸侯国家之间，没有修筑长城的必要。但是它的西北与强大的匈奴接界，匈奴奴隶主贵族经常南下骚扰，不仅对秦国人民的生产生活的安定有很大的威胁，而且对其东进统一天下的雄图极为不利。于是在一次打败义渠的战争中，秦便乘胜追击，并且修筑了长城作为防御。按照《六国表》上所记，取陕的时间在惠文王更元初年（前324年），并且设了义渠县，说明这时秦已经开始修筑长城了，到秦昭王时才修筑完成。

上郡原本是魏的领土，魏在这里曾修筑过长城，因此秦昭王修筑的这一条长城有些地段可能沿用了魏长城的旧筑。根据历史文献记载，这一段长城应该就是后来秦始皇万里长城西部的一部分。它起于今甘肃的中部临洮，北达今兰州，再往东到今宁夏的固原县境，转而往东北方向，到甘肃的环县、庆阳，再到陕西的鄜县、延安、绥德，止于黄河边。

❖ 燕 长 城

燕国在当时战国七国的东北部，国力很强，版图较大。燕国的东边濒大海，已经有了很好的自然屏障了，南面接齐国和赵国。燕国曾经与秦、楚、晋合谋讨伐齐国，大败齐师，燕军独自追至临淄城下，齐不敢轻易攻击燕国。但是在燕的北面常常有胡人南下骚扰，而西面则有秦国崛起，又有东进称霸的雄心。燕国和秦国之间虽然还有赵国相隔，但是赵国也经常受到秦国的驱使攻击燕国，这对燕国来说都是非常危险的。为了防御，燕国便修筑了易水长城和北长城，以防胡和秦、赵。

一、易水长城

这一段长城修建的年代应当在苏秦说文公合纵（前334年）至公元前311年之间。是用来防齐、赵，保卫燕国下都——易水城的。燕易水长城的位置，《水经注》上有记载。其他如像唐《元和郡县志》、《大清一统志》等都记载有燕易水长城的情况。其位置大致相当于今天河北省易县的西南，向东南经定兴、徐水、安新、文安、任丘之间，达于文安县东南，长约500里。

二、北长城

燕东北长城即是位于上谷、渔阳、右北平、辽西、辽东的长城。这道长城的修筑，历史上有一段故事：起初燕国受到北面相邻的东胡山戎的威胁，曾经把一位有名的将军秦开，作为人质送给东胡，以求暂时的安定。胡人对秦开很是信任。后来秦开回国后，发军大举进攻东胡，把东胡赶出一千多里以外。于是燕便筑长城，自造阳至襄平（今辽宁辽阳），并设置了上谷、渔阳、右北平、辽西、辽东五郡，用以防备东胡再度骚扰。这一段长城修筑的年代，应当在燕孝王时或燕王喜即位初年（前254年），这是战国时最后出现的一条长城。这一长城所经的地方，约自今河北张家口东北行经内蒙古多伦、独石等境，又东经河北省围场县、辽宁朝阳，越过医无闾山，渡辽河达于辽阳，长达2400余里。现在这些地区还保存有燕长城的遗迹。

❖ 赵 长 城

根据历史文献记载，赵有两道长城：

一、漳滏长城

《史记·赵世家》上记载："肃侯十七年（前333年）筑长城。"这道长城主要是用来防魏的。同时又因为秦国太强大，恐怕它逼迫魏国进攻赵国，所以这段长城也起防秦的作用。漳滏长城的位置在赵国的南边，漳水北崖，今河北临漳、磁县一带，尚有遗址可寻。全长约400里。

二、赵武灵王所筑云中、雁门、代郡长城

赵武灵王是一个敢于革新和极力推进民族文化交流的君主。他不顾贵族官僚的反对，发布了"胡服骑射"的命令，引进了有利于生活和武备的胡人方式。但是他对胡人的侵扰并不退让而是进行抗击和备战设防。修筑长城就是备战的措施。据《史记·匈奴传》和《赵世家》上记载，在赵武灵王二十年（前306年）打败了林胡、楼烦，二十六年开发了燕、代、云中、九原这些地方。并修筑长城，东起于代（今河北宣化境内），经云中、雁门（今山西北部），西北折入阴山，至高阙（今内蒙古乌拉山与狼山之间的缺口），长约1300里。现在这一段赵长城的遗址还断续绵亘于大青山、乌拉山、狼山之间。后来秦始皇修筑万里长城的时候，还利用了这一段赵长城的部分作为基础。

第二节 秦始皇万里长城

长城虽然在春秋战国时期就已经开始修筑，但是由于诸侯林立，属境较小，一般小国长城都只有几百里，一些大的诸侯国家的长城也不过三四千里。万里长城之名，自秦始皇才开始，因此，人们提到万里长城的时候，往往把它同秦始皇的名字联系起来。据司马迁《史记·蒙恬传》上记载："秦已并天下，乃使蒙恬将三十万众，北逐戎狄，收河南，筑长城。因地形，用险制塞，起临洮，至辽东，延袤万余里。"关于始皇派遣大将蒙恬修筑长城的情况，在《史记·始皇本纪》和当时其他的文献中也有不少记述。

万里长城是始皇三十年伐匈奴开始，到三十七年，二世赐蒙恬、扶苏死，共九年筑成的。它西起于临洮，是以秦昭王的旧长城修缮而成的。北段是蒙恬收复了黄河河套，沿黄河、阴山设立亭障要塞而成的。它北面、东面沿了赵、燕的旧长城，西起高阙，东到造阳，再东行，抵达辽东。

对于秦始皇修筑万里长城的评论，两千多年来，众说纷纭，有褒有贬，各抒己见。褒扬的有汉文帝、桑弘羊、唐太宗、杜甫等等。这一派的主张就是要备战设防，否则就不能保卫国家的安全，人民的安定。但另一方面对秦始皇修筑万里长城贬斥的也不乏其人，有汉朝的贤良唐生、文学万生、贾谊、司马迁，唐朝的贯休，宋朝的郑震等人。这一派的意见是斥责秦始皇暴虐，筑长城劳民伤财。今天根据历史唯物主义的观点来分析，应该肯定秦始皇为了巩固新建的中央集权封建制国家的安全，保障中原地区较先进的农业生产和人民生活的安定而修筑长城是有积极意义的。这应是主要的一个方面。至于秦始皇作为封建统治阶级的代表人物，对劳动人民残酷压迫的一面也是应当指出予以批判的。

公元前221年，秦始皇统一了我国，春秋战国时期诸侯割据称雄的纷争局面宣告结束，封建专制主义中央集权的国家开始了。为了适应统一国家的需要，秦始皇采取了一系列措施，诸如设郡县、实行"书同文"、"车同轨"、"行同伦"以及统一度量衡和其他各种统一的制度以促进政治、经济、军事、文化的发展。这些措施是巩固中央集权封建制国家所必需的。修筑万里长城即根据巩固中央集权封建制统一国家的需要所采取的一种政治军事措施。

我国自古以来即是一个多民族共存的国家，各民族统治集团之间不时发生矛盾和战争，在秦始皇时期主要的民族矛盾仍然是匈奴、东胡等北方游牧民族和中原地区以汉族为主的各民族统治集团之间的矛盾，而当时的长江黄河流域大部分地区已经处于以农业生产为主的封建社会发达阶段。农业生产需要安定经营，长期培植，才能获得好的收成。而当时的匈奴、东胡还处在奴隶制的早期阶段，匈奴、东胡等奴隶主贵族除了残酷剥削压迫本民族的奴隶之外，还经常南下掠夺财产、牲畜并掳掠人民，给中原地区人民的生产、生活造成极大的威胁。因此，秦始皇对匈奴的战争实际上是保卫进步的生产关系的战争，是有利于生产力的发展的。

秦始皇并灭六国，统一了天下，原来燕、赵等国的北部地区生产比较落后，为了发展这些地区的经济文化，巩固其统治，在北部地区设置了陇西、北地、上郡、九原、云中、雁门、代郡、上谷、渔阳、右北平、辽西、辽东等12郡，用以进行管辖，主要是进行垦殖发展农牧业经济。同时也是为了防御匈奴、东胡奴隶主贵族骚扰中原的一项措施。

在秦始皇并六国以后的 15 年中，由于采取了修筑长城来防御和垦殖北方土地等措施，是收到了效果的。当时，匈奴十余年不敢南下而牧马。可见筑长城在当时历史条件下，是出于防御而采取的一种较好形式。

在历史记载上还说有方士向秦始皇进奏图书说："亡秦者，胡也"，于是发大军击匈奴，并筑长城。这也有可能是秦始皇借方士之口而修筑长城，或是方士察觉了秦始皇在政治军事上的需要而献策的吧。

秦始皇修长城是统一的措施，而且拆长城也是统一的一项措施。在春秋战国时期诸侯称霸，就各自筑长城以自卫，长城成了诸侯割据的屏障，进可攻，退可守，如果让它存在就给地方割据保存了条件。因此，秦始皇在统一天下之后，立即下令拆毁内部各国的长城、关隘，"移去险阻"。

秦始皇修筑万里长城，对于防止匈奴奴隶主的骚扰，保障北部十二郡的开发，保护中原地区经济文化的发展，是有积极意义的。但是使用的民力过多，刑法苛暴，强迫大量农民脱离生产服役。当时全国人口约 2000 万左右，劳动力不到 1000 万，男劳力仅 500 万左右，修阿房宫、始皇陵和其他宫室苑囿占去了约 150 万，守五岭占约 50 万，筑长城约 50 万，加上其他杂役约在 300 万人，占全国丁男劳力的一半以上。因此，全国生产必然受到影响，人民生活更加痛苦，促使社会矛盾更为尖锐。秦始皇死后不久便暴发了陈胜、吴广的大起义，秦王朝不到 20 年就宣告覆灭。

第三节　汉长城和亭障、列城、烽燧

秦始皇万里长城的规模已经很大了，而汉代长城在秦长城的基础上更有所发展，并筑了外长城。它们的长度达到了两万里，是历史上修筑长城最长的一个朝代。

汉朝花如此大力修筑长城，除了军事上的防御之外，汉长城的西部还起着开发西域屯田、保护通往中亚的交通大道"丝绸之路"的作用。

汉长城首先还是为了防御匈奴。正当西汉初年，刘邦灭掉胡亥，以全部兵力消灭项羽的时候，匈奴头曼单于之子冒顿，杀掉其父并以突然袭击的方式，侵霸了友邻部落，不断南下占领了原来秦始皇时已有的土地，势力渐大。冒顿乘此机会南侵，大举围攻马邑，甚至"引兵南逾句注，攻太原，至晋阳下"，已经入侵到汉王朝的内部地区了。

汉高祖刘邦对冒顿的入侵，进行了坚决的抗击。他亲自率兵32万"从晋阳连战，乘胜北逐，遂至平城"。但是，由于西汉刚刚建立，政权正在巩固，不能拿出更多的兵力来远逐匈奴，因此曾一度采取了与匈奴和亲的政策。然而就在和亲的几十年中，贪得无厌的匈奴奴隶主贵族也没有停止过对汉王朝的骚扰，"往往入盗于汉边，不可胜数"，"汉孝文帝十四年，匈奴单于十四万骑，入朝那、萧关，杀北地都尉卬，掳人民财产甚多"。

面对匈奴奴隶主这种掠扰，文帝、景帝时期就曾多次予以回击。

如文帝后元六年就以中大夫令免为车骑将军、苏意为将军、张武为将军，屯飞狐、句注、北地，坚守以备胡，修缮了秦时所筑长城。从长安至长城沿线，设置了许多烽火台传递军情，加强了防务，有力地抗击了匈奴奴隶主的袭扰。之后，文、景二帝采纳了贾谊、晁错等人的意见，逐步平定了汉初分封诸王的叛乱和奴隶主残余势力的复辟活动，政权开始巩固下来。

汉武帝是一个继秦始皇统一之后，把封建专制国家进一步巩固下来的重要人物。他对掠夺成性的匈奴奴隶主，早有戒备并准备给以坚决的回击。在他继位的第七年元光元年（前134年）就派了"卫尉李广为骁骑将军屯云中，中尉程不识为车骑将军屯雁门"。但是，到了元朔年间，匈奴不断入辽西、上谷、渔阳杀掠吏民，武帝命卫青、霍去病统兵大破匈奴。为了有效地阻止匈奴奴隶主的突然袭击，除了抗击之外，必须要加强经常的防御工事。修筑长城以抗匈奴，是秦始皇时即已行之有效的办法。因此，在收复了被匈奴侵占的土地之后，首先是把秦始皇时所修长城加以修缮。《史记·匈奴传》上记载，元朔二年，"汉遂取河南地、筑朔方，复缮故秦时蒙恬所为塞，因河为固"。这是武帝初期的情况。

汉武帝不仅修缮秦城，而且新筑长城。长城工程规模的宏大，更远出秦皇长城之上。武帝主要建筑河西走廊的长城。《史记·大宛列传》："汉始筑，令居以西，初置酒泉郡以通西北国。"这是从元狩中开始从甘肃的永登（古令居）筑长城至酒泉。元狩二年，武帝令骠骑将军霍去病出陇西，击破匈奴，匈奴的昆邪王杀休屠王，并率四万人来降，武帝以河西地置武威、酒泉两郡。从那时开始了河西长城的建筑。

《史记·大宛列传》又记武帝元鼎六年令从骠侯赵破奴破匈奴，

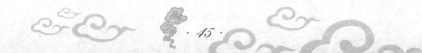

"于是酒泉亭障至玉门矣"。元鼎六年（前111年）又完成了张掖、敦煌两郡的建置。太初四年（前101年）又从玉门以西，"列亭障至盐泽"（今新疆罗布泊），前后不到十年的时间，两千多里长的河西长城即告完成。"自敦煌至辽东一万一千五百余里，乘塞列燧"。

汉武帝更进一步发展和改进了长城的布局。建筑了许多亭障、列城，把长城内外的广大地区有机地构成一个防御工程体系。即是在相隔一定的距离，择险要地形，修筑列城、城障，以烽燧相连。关于这些列城的位置，远出于黄河河套以北燕然山脉（今蒙古境内）之下。

为了抗击匈奴的掠扰，发展西域诸属国的生产，保护通往西方的交通干道，武帝时又开始了从敦煌、楼兰以西列城、烽燧的修筑。

汉昭帝继武帝执行了抗击匈奴的路线，昭帝还修筑了东段长城，发民屯垦。

汉宣帝继武帝、昭帝以后继续筑城屯戍，使西域诸属国生产得到进一步的发展。地节三年（前67年）派侍郎郑吉在渠犁筑城屯田，神爵二年（前60年）以郑吉为都护使西域骑都尉，设置西域都护府于乌垒城，以管理西域乌孙、大宛、康居、桃槐、疏勒、无雷等三十六属国。

以后西域属国发展为五十，"自驿长至将相王侯，皆佩汉印绶，凡三百七十六人"。

自是西汉长城、亭障、列城、烽燧西起大宛贰师城、赤谷城，经龟兹、乌耆、车师、居延，沿着燕然山、胪朐河达于黑龙江北岸。构成了一道城堡相连，烽火相望的防线。

汉代的亭障、烽燧不仅沿着北方修筑，而且从首都长安到全国各重要地区都修筑了许多亭障、烽堠与之相连。如东汉初年即专门派杜茂、马成大量调用士卒，从西河（今山西离石）至渭桥（今陕西咸阳东）、河上（今陕西高陵）至安邑（今山西安邑）太原至井陉、中山至邺（今河北临漳），各处都修筑起堡垒、烽火台，十里一堠，构成了一个坚固的防御工程体系。这一防御工程对于汉王朝的巩固，对于西、北领土和中原地区人民生产、生活的安全保障都起了积极的作用。

这些汉代长城、亭障、烽燧、列城的遗址在我国新疆、甘肃、宁夏、内蒙古以及河北、山西等省区随处都可见到。

屯田，是发展生产积极备战政策的一个重要组成部分。它与长城的修筑密切相关。自秦始皇修筑长城，设置郡县，徙民实边，已经开创了这一制度。汉承秦制，西汉诸帝也都大力推行筑城、屯田、徙民实边的政策。特别是汉武和昭、宣帝时期，采纳了桑弘羊、晁错、赵充国等人的建议，进一步发展了始皇徙民实边的政策，大力开展屯田。在长城、亭障防守地带以及荒壁地区，以守防士卒和移民共同开垦田地，兴修水利，进行耕作备战。晁错更详细地分析了匈奴的扰掠特点，必须高筑城，深挖沟，加强防备，才能战而胜之。

赵充国是武帝时几次远逐匈奴的大将，极力主张筑城备防，屯田以济费。汉武帝两从其计，筑城设防和屯田的建议都采纳了。昭帝进一步实现了桑弘羊的筑城、屯田政策。宣帝时期更发展了汉武以来的西域屯田，在西域诸属国的中部地区于神爵三年（前59年）设立了西域都护（都护府治乌垒城，遗址在今新疆轮台县境内），以管理当时五十属国的行政事务和屯田工作，于是西域屯田便大力发展起来。除鄯善、车师、轮台、渠犁等主要地点外，在乌孙的赤谷城（今苏联境内的伊塞克湖边）也是重要的屯田地区。在设都护以前武帝时这里已设置过使者校尉领护，并已有了城障、烽燧和防守官吏了。

从以上的事实中，不难看出，筑城设防，屯田、移民实边，设郡置吏等是同时并行的发展生产和备战措施，说明了四者之间不可分割的联系。

由于西汉大力推行屯田的结果，西域诸属国逐渐发达起来，属国国王已受汉王朝正式加封，官秩和汉宫一样。

汉以后的各个朝代，对西域属国的管理更为加强。根据历史文献记载，当时西域属国国王已成为晋朝的武官，他们守戍着这一地区的长城亭障、烽燧，行使行政管理的职务。

秦、汉屯田为抗击匈奴，巩固防务提供了物质条件，曹操屯田，充实了曹魏的实力，为晋的统一全国打下了物质基础。以后各代除了军屯，还有民屯。屯田对全国各荒僻地区的开发、生产的发展都起了积极的作用，追溯其源与万里长城的修筑是分不开的。

西汉（主要是武帝时期）所筑河西长城、亭障、列城、烽燧，有力地阻止匈奴的进犯，对发展西域诸属国的农牧业生产，促进社会的进步，特别是对打通与西方国家的交通，发展同欧亚各国的经济贸易，文化交流起了重大的作用。两千年前我国的丝织品即是通过这条"丝绸之路"经康居、安息、叙利亚而达于地中海沿岸各国的，在国际市场上享有很高的声誉。

这条"丝绸之路"从长安出发远及20000多里。在汉王朝管辖地区就有10000里以上。当时分作南北两路：南路从敦煌经楼兰（即鄯善，今若羌东北）、于田（今和田）、莎车、疏勒（今喀什）、桃槐、贵山城（今哈萨克斯坦撒马尔罕）、贰师城（今哈萨克斯坦境内）而达大月氏（zhī）（今哈萨克斯坦阿姆河流域中部）、安息（即波斯，今伊朗），再往西达于条支（今伊拉克）、大秦（即罗马帝国，今地中海东部一带）。北路从敦煌经车师前王廷（今吐鲁番）、焉耆、龟兹（今库车）在疏勒（喀什）与南路相合。就在这条东起武威、居延（今额济那），西至疏勒（喀什）以西我国境内的万里古路上，两千多年前汉代修筑的长城、亭障、列城、烽燧的遗址，至今巍然耸立。从这些遗址及古墓葬之中，曾发现了自西汉以来的许多木简、丝帛文书、印章和丝织品。当时西方国家的毛织品、葡萄、瓜果等也沿着这条"丝绸之路"万里长途输入到长安和东南郡县。在文化艺术上通过这条大道也得到了交流。这条大道上的长城、亭障、列城、烽燧正是起到了保护这一条漫长的国际交通干道安全的作用。

❖ 被历史湮没的东汉长城

在建武初年的时候，光武帝刘秀为了大举平定中原诸多叛将和反汉的势力，东征西战，因此没有时间和精力来关心北边的发展以及各种隐患的出现，而几次派去抗御匈奴的军队又连连失利，匈奴更加猖狂，烧杀不止，抢掠不息。光武帝内忧外患，焦躁不安，于是派遣将军开始在晋阳、广武、常山（治元氏，今河北元氏西北）、涿郡（今河北涿县）、渔阳大量屯田以充实边郡，准备抗击匈奴的侵袭。建武十二年（公元36），中原终于基本平定，光武帝也终于有精力将视线向北方转移了，逐渐致力于北边的建设。

光武帝为保卫都城洛阳，防御匈奴侵犯，于建武十四年（公元38）修筑了四条长城：其一位于今山西离石县至陕西咸阳东南之间；其二位于今陕西高陵县东至山西安邑县之间；其三位于今山西太原至河北井陉县之间；其四位于今河北定州市南至临漳县之间。

然而东汉时候修筑的长城大多已经被历史湮没，找不到它们留下的印痕，直到今天，考古专家依然没有发现并且能够真正地证明它的存在。

第四节　南北朝至元代的长城

我国自古是一个多民族的国家，除汉族以外，在长期的封建社会中，有许多个少数民族的王朝统治着我国。从南北朝开始，统治我国北部地区的先后有北魏、东魏、西魏、北齐、北周，此外还有十六国的前凉、前燕、前秦等少数民族也统治着部分地区。以后的辽、金、元、清等朝代，统治的范围更大，元和清两朝统治了全国。这些少数民族的统治者，当他们统治了在经济文化上比较发达以农业生产为主的地区以后，为了防止其他少数民族的骚扰，也不断修筑长城。从南北朝到元这一时期的长城，大都是少数民族统治的王朝所修筑的。北魏、北齐和金代修筑长城的工程规模都不小。

❖ 北 魏 长 城

北魏王朝统治了黄河流域北部的广大地区。北魏王朝的统治者原为鲜卑拓跋部，本来是以游牧骑射为生，但在统治了以农业生产为主的中原地区之后，进入了封建社会经济，国力一时强大。这时在王朝的北部有另一支强大的游牧民族柔然和东北部的契丹族，他们仍处于奴隶社会阶段，奴隶主贵族不时南下扰掠。因此，北魏仍然采用了秦汉时期防御匈奴的办法，修筑长城。即是从现在北京居庸关，向南至灵邱，再向西经平型、北楼、雁门、宁武、偏头诸关

北魏长城遗址

而达山西河曲县。当时把这道长城称之为畿上塞围，是因为它环绕于首都大同的南面，用它来保卫首都之意。

❖ 东 魏 长 城

公元534年，高欢立元善见为魏孝静帝，孝武帝投奔于文泰，从此北魏王朝分作东西魏。东魏东迁于邺后，曾修筑长城。《资治通鉴》上载：东魏武定七年（549年），高欢筑长城于肆州北山，西自马陵（今山西静乐县），东至土墱（今山西嶂县），四十日而罢。其长度只有一百五十里。因这时已是东魏王朝覆灭的前一年，已无力对长城进行较大的修筑了。

❖ 北 齐 长 城

公元550年，高洋灭东魏，是为北齐，据有现今河北、河南、山西、山东等地的大片领土。它的北方有突厥、柔然、契丹等游牧民族的威胁，西边又有北周政权的对峙。为了防御，北齐便大筑长城。

据《北史》记载，北齐天保三年（552年），自西河总秦戍（大

同西北）筑长城，东至于渤海（今河北山海关）。天保六年（555年）皇帝下诏，征发180万人修筑长城，自幽州夏口（今北京居庸关南口）西至恒州（今大同）900余里。天统元年（565年）自库堆戍东距海2000余里间，凡有险要，堑山筑城，断谷起障。《北史》上记载，齐前后修筑长城东西凡3000余里，60里设一戍，并在险要地方设置州、镇凡25处，用以驻兵防守。并在天保八年（557年）初，于长城内筑重城，自库络拔（今大同西南）至坞纥戍（平型关东北），长400余里。天统元年又把坞纥戍的重城向东伸延至居庸关与外城相接合。

此外，为了防御北周，还修筑了南北向的长城300里，即今尤关、广昌、阜平之间的长城。

❖ 北 周 长 城

公元557年，北周灭掉西魏，据有河北、山西、山东等地。为了防御北方突厥、契丹等，把西魏原来的北部长城加以修缮。《北周书》上记载：后周静帝大象元年（579年），征发山东诸州人民修长城，自雁门关至碣石。不久北周亡，长城修筑工程不大。

❖ 隋 长 城

公元581年，隋文帝杨坚统一了南北，结束了自东汉末年以来400年间封建割据的局面，为了防御突厥、契丹、吐谷浑等也多次征发大批劳动力修筑长城。根据历史记载共修长城7次。隋代对长城的修筑虽然次数很多，有时征发劳动力也很大，但是所修筑大多是就原有内部长城加以修缮，没有多大增筑新修，较之秦、汉长城的工程，相差很远。

唐、宋、辽时期，长城的修筑工程规模较小，唐、宋时期几乎处在停息阶段。其原因是唐代北方大破突厥，版图所辖远出大漠，设北庭、西域都护府管理西北广大地区，长城已经失去了作用。宋朝虽然统一了中原，但是北部又有辽、金的对峙，所辖范围已在原来秦、汉、北朝长城的南面，原来的长城已在辽、金境内，只是在宋初太平兴国四年（979 年）命潘美、梁回在雁门、句注之间修筑了一些城堡用以警备辽的南进。为时不久宋王朝势力又退到长江以南，更谈不到长城的修筑了。辽代对长城工程也经营不多，据《宏简录·李俨传》上记载，清宁四年（1058 年）在鸭子河与混同江之间修筑了一段长城，规模不大。

❖ 金 代 长 城

金长城形式奇特，别具一格，规模非常庞大，是继秦、汉长城之后的我国古代第三条万里长城，历史上往往将它称为"金界壕"、"金壕堑"或"金边堡"。

在 11 世纪末，兴起于我国东北地区的女真族完颜部逐渐强大，建立了各部落联盟。1115 年，完颜部首领阿骨打称帝，国号为金。

金 长 城

1125 年强悍的金人终将辽灭掉。1121 年蒙古兴起，多次派兵攻金，金为了抵御蒙古入侵，开始组织人力修筑"金界壕"军事防御工程，于 1138 年动工，到 1198 年竣工，历时 60 年。金长城东起呼伦贝尔盟，西到大青山，全长 5000 多千米，位于今内蒙及黑龙江境内，是仅次于万里长城的古军事防御工程。

金长城的防御体系由长城界壕和边堡关隘组成。长城界壕的主要结构是挖一条堑壕，阻碍战马冲越，堑壕内侧垒筑长墙。边堡关隘是金朝戍边军队的驻屯地，按形制和地理位置的不同，一般分为戍堡、边堡、关城 3 种。金代长城是适用于草原地形地貌类型的防御体系，如其墙、壕并列，主要是为了防御骑兵，主、副墙及戍堡、烽燧酌配置、设计都更为合理。金长城现仍存数百千米，横亘于千里草原之上，向远方延伸至草原深处。

齐齐哈尔段长城是金卡城最早的一段，主墙高大完整，上置戍楼，墙面有驰道，可供车马通行，墙外有护壕，以护主墙。根据需要往往在主墙外修有不连贯的第二、第三道墙壕，加强了防御的功能，在墙内侧有屯驻军兵的戍军堡。

在扎兰屯市境内的金长城，全长 140 多千米，全都是单墙单壕，今城墙绝大多数湮没在沙草之中，残址一般高 2 米，最高处有 8 米左右。在墙外 15～20 米处有壕堑，宽 2～6 米，深 3～4 米，墙内每隔 10 千米左右，设有一个用夯土筑成的方形戍堡，边长约 180 米。历史上称它为泰州边壕或长春边堡，还有一部分史籍称它为"成吉思汗边墙"。

第五节 明代万里长城

❖ 历史背景

明长城是我国长城中最为宏伟的。在明王朝统治时期，统治者不惜花费巨资，前后用了 200 多年时间，动用大量人力、物力，重

明 长 城

修、改线、增筑了万里长城。

明代花费如此大的力气去修建长达万余里的震惊世界的军事防御工程，是有极其深刻的政治原因和历史背景的。

经过元朝后期的多年战争，明朝在建立时国库空虚，粮尽财绝，军事上也明显实力不足，与蒙古元朝余部进行数次交战均以失败告终。严峻的事实使得明王朝认识到，以他们的力量是难以消灭元朝余部势力的。如何才能稳固自己刚刚建立起来的统治地位，朱元璋始终奉行他在明朝建立以前的治国之策——"高筑墙、广积粮、缓称王"。"高筑墙"是巩固自己实力、伺机进攻的一种长远的军事战术方法，

扩大到保国守界方面当然也有修筑城墙坚守边疆的战略企图了。到1368年朱元璋取得了政权后,便开始了长城障塞的修筑工程。

经过十几年的苦心经营,明王朝北方的边务实力有所增强,便开始了对元朝残余势力的进攻。洪武二十年(1387)二月,大将军冯胜率领10万大军对北元纳哈出部进行征战,大败北元,瓦解了蒙古的残余势力。残存的蒙古贵族们纷纷向明朝称臣归顺。但是,他们并不安于臣属于明王朝,北元的蒙古贵族与明王朝之间常常出现激烈的冲突。1390~1396年,明王朝向北元各部发动了多方征战,基本上奠定了边境的稳定局面。在甘肃境内,自明朝前期平定河西,设甘肃卫主持防务后,河西相对稳定。随着几次明王朝有力地征伐,其北方主要在河北、山西、陕西境内的边患得到了缓解。但是蒙古部族的被迫西迁,却使甘肃的边患连连。

在弘治、正德年间,明王朝为了防止蒙古的侵扰,再次商议修筑边墙之事。明朝初年在北方设立了辽东、宣府、大同、延绥四镇,以后又增设了宁夏、甘肃、蓟州三镇,加上固原和山西的太原,叫做"九边",统统布有重兵,分地防御。

1421年明成祖朱棣迁都燕京(今北京)后,曾5次亲自带兵征战漠北,也没有从根本上解决巩固边防的问题。但是,明成祖从几次亲征的过程中真正体会到了北部边陲之地不加强防御体系是不行的,他对加强长城军事防御体系、修筑长城加倍重视起来。明成祖死后,明王朝因连年征战,军备日益匮乏,早已没有力量组织庞大的远征军去打击北元的蒙古残余势力了。明英宗继位后,明王朝历经景帝、宪宗、孝宗70多年后,开始走向衰败,宦官当权、政治腐败,经济上土地高度集中,有权势的地主、官僚阶级大量侵占土地,而且不交纳田赋,出现了经济危机。广大的农民衣不遮体、食不果腹，甚至出现了"鬻男卖女"的情况，更多的农民结队流亡。走投无路的农民不堪忍受繁重的剥削和压迫，纷纷揭竿而起。内忧外患，强敌压境，明政府只能把加强北方边陲地区的军事防御工程作为最重要的国防措施去实行。对明朝来说，修筑长城、扩建城堡、加强纵深防御是防止北方游牧部族侵扰的唯一手段。所以明成祖以后的每一个皇帝都对修建长城保卫边陲极为重视。

九边十一镇现在世人皆知的万里长城其实是明长城。明长城东起鸭绿江，西抵嘉峪关，全长 7000 多千米，是整个中华长城史上最著名、最伟大、最灿烂的经典之作。它那高超的建筑技术，严密的防御设施，宏伟的建筑样式，浩大的工程建设，这一切都是前无古人的惊世绝笔。明长城翻越过苍翠的群山峻岭，穿过浩瀚无际的戈壁沙漠，以磅礴无畏的气势奔向大海！它比起秦始皇长城毫不逊色，是重要的文化遗产。

明代把长城划分成为九个防守段，称之为"九边"，每一边皆设有镇守（总兵官）把守，称之为九边重镇。后又为加强京城的防御和保护十三陵，于 1551 年在北京的西北部增设了昌镇和真保镇，这样就有了十一镇，构成了九边十一镇的防御格局。

❖ 十一镇分别管辖的长城范围、总兵驻地

辽东镇长城

总兵驻广宁（今辽宁北镇），管辖的长城东起丹东附近的鸭绿江畔，西至山海关，全长 970 余千米。

蓟镇长城

总兵驻三屯营（今河北迁西），管辖的长城东起山海关，西至慕

田峪（今北京怀柔县境），全长 880 余千米。

昌镇长城

总兵驻地昌平，是为了加强王朝首都和帝陵（今明十三陵）的防务而从原蓟镇中增设的。管辖的长城东起慕田峪，西至紫荆关，全长 230 千米。

真保镇长城

总兵驻保定，为加强王朝首都的防务而增设的。管辖的长城北起紫荆关，南至故关，全长 390 千米。

宣府镇长城

总兵驻宣化，管辖的长城东起居庸关，西至西洋河（今山西大同东北），全长 511 千米余。

大同镇长城

总兵驻大同，管辖的长城东起镇口台（今山西天镇东北），西至鸦角山（今山西偏关东北），全长 335 千米。

太原镇长城

太原镇也称山西镇，总兵驻偏关。管辖的长城，西起保德、河曲的黄河岸边，从偏关、老营堡、宁武关、雁门关、平型关、龙泉关、固关而达黄榆岭，全长 800 多千米。因为此镇在大同、宣府两镇长城之内，所以又把这一线长城称作内长城。

延绥镇长城

也称榆林镇，总兵驻榆林。管辖的长城东起黄甫川（今陕西府谷境内），西至花马池（在今宁夏盐池县），全长 885 千米。

宁夏镇长城

总兵驻银川。管辖的长城东起大盐池（今宁夏盐池县境内），西至兰州。全长约1000千米。

固原镇长城

总兵驻固原。管辖的长城东起靖边与榆林镇长城相接，西至皋兰与甘肃镇长城相接，全长约500千米。

甘肃镇长城

总兵驻张掖。管辖的长城东起兰县（今兰州），西至嘉峪关祁连山下，全长约800千米。

以上九边十一镇的长城，长度共计约7300多千米。全线防守官兵名额共计976600多名。由于明长城各镇的管辖范围和官兵名额时有变化，以上统计只是一个时间内的数字。长城的长度也只是一些文献上的记载，除了相连贯的干线长城之外，还有一些个别段落，如湖南、贵州交界处，甘肃南部等地都分别修筑过数百千米的长城，加上重墙、关城等，实际的长度远不止此。就以北京地区的长城来说，原来只知是300多千米，最近以空中遥感方法调查，发现了更多的遗址，长度已达628千米，较之原来增加了一倍。其余地区的长城的长度，也可想而知了。

明长城的防御工事，分作镇城（镇守或总兵驻地）、路城、卫所城、关城、堡城、城墙、墙台、敌台、烟墩（烽火台）等等不同的等级，不同形式和不同功能的建筑物，它们相互联系、相互配合，共同组成一个完整的防御工程体系。关城尤为要害。

明长城的关口很多，每镇所辖关口多至数百，十一镇长城的关口总计在1000以上。其中著名的也有数十座。自居庸关以西，明长城分南北两线，到山西偏关附近的老营相合。被称之为内、外长城或里、外长城。里长城从居庸关西南向，经河北易县、涞源、阜平而进入山西的灵丘、浑源、应县、繁峙、神池而至老营。外长城即自居庸关西北经赤城、崇礼、张家口、万全、怀安而进入山西的天镇、阳高、大同，沿内蒙古、山西交界处达于偏关、河曲。此位于河北、北京、山西、内蒙古境内的明代内外长城是明代首都北京的西北屏障，对于防御自西北来的威胁，保卫王朝的安全与蓟镇长城同样重要。因此，长城工程亦甚雄伟坚固。关隘险口也很多，著名的内、外三关即是长城线上的 6 个重要关口。靠近当时首都北京的居庸关、倒马关、紫荆关是为内三关。自此往西的雁门关、宁武关、偏头关是为外三关。这内外三关成了明王朝保卫京师和东南地区的重要险阻，经常派重兵把守。

❖ 明长城——世界建筑史上的奇迹

明长城是我国历史上修筑的最后一道长城，是修建规模最大、历时最长、工程最坚固、设备最完善的长城，是世界上最伟大的古建筑工程之一，已作为地球上人类的奇迹载入世界文明的史册。有人计算过，若将明代修筑长城用的砖石、土方用来修筑一道 5 米高、1 米厚的大墙，可绕地球一周有余。

长城的修建需要综合运用多门学科，比如数学、力学、建筑材料学等，还有地理学，因为长城的选址要考虑到地势、水源等地理环境。所以，长城首先反映了其自身时代的科学水平，是自然和社会科学等多门学科发展的实物例证，从长城人们可以看出当时科学发展的历程。前人的聪明智慧和辛勤劳动创造发明的成果还可以为今天的科学技术研究提供借鉴。

长城是规模宏大而又艰巨的工程，其选择地形、规划设计、材料来源、劳动力的征用等诸多方面都是比较复杂的。明长城的修筑如同其他我国古代建筑一样，建筑工匠们在长期的实践中总结出了"就地取材，因料施用"的经验，构筑成了世界建筑史上的奇迹。

明长城是由城墙、关、城堡、墙台、烟墩和驿传等组成完整的军事防御工程体系的。

城墙是长城工程的主体，墙体依材料区分为砖墙、石墙、夯土墙、铲山墙、山险墙、木柞墙、壕柞等型，随地形乎险、取材难易而异。除蓟镇长城的墙身全部用石条、青砖砌筑，其余诸镇长城多采用土夯墙，仅敌楼包砖。铲山墙指将天然山体铲削成陡立的墙壁，山险墙一般依靠峻峭的山脊用砖石垒砌。柞墙指树林中的木栅栏墙。柞指挖掘壕堑后于一侧培筑土垣。城墙断面下大上小呈梯形，高厚尺寸亦随地势需要而异。城墙顶面，外设垛口，内砌女墙，或叫女儿墙，主要作用是保护守城将士的人身安全，防止不慎坠下墙去。券门暗道用以供守城士卒上下。

关城是出入长城的通道，也是长城防守的重点，建砖砌拱门，上筑城楼和箭楼。一般关城都建两重或数重，其间用砖石墙连接成封闭的城池，有的关城还筑有瓮城、角楼、水关或翼城，城内建登城马道，以备驻屯军及时登城守御。关城与长城是一体的。

城堡是屯兵以备战之用的。城堡按等级分为卫城、守御或千户所城和堡城，按照防御体系和兵制要求配置在长城内侧。间或有设于墙外者。卫、所城之间相距百余里，卫城周长3～4.5千米，千户所城周长4～5千米，砖砌城墙，外设马面、角楼，城门建瓮城，有的城门外还筑月城或正对城门的翼城，以加强城门的控守。城内有衙署、营房、民居和寺庙。卫、所城与长城的距离或近或远，在长城内位置适中、地势平缓、便于屯垦的地方筑建。堡城亦称边堡，间距 5 千米左右，城周长 0.5～1.5 千米，砖包城垣，开 1～2 门，建瓮城门。城内有驻军营房、校场、寺庙，边堡同长城的间距一般不超过 5 千米，遇警时可迅速登城。长城上的敌台和墙台，只能容纳很少的兵士，平时只是起到站岗放哨、遮风避雨的作用。真正有紧急情况，临时从远处调兵遣将恐难解燃眉之急，因此，在长城内侧沿线还建有许多城堡，实际上就是兵营。这些城堡根据本段长城的位置重要与否而有大小之分，但都建在长城附近，与长城构成犄角之势，一旦有急，招之即来。

在明代长城上，根据地形和地势隔不远就设置一个敌台，亦称敌楼。敌楼跨越城墙而建，一般是在高出城墙数丈之上用砖砌成的方形墩台，分 2 层或 3 层，四面的垛墙上均开有垛口。敌台上面，中间修有船形小屋，名曰楼橹。敌台和楼橹里面，可以驻兵以避风雨，也可以存粮和储藏武器，以备不时之需。楼橹环以垛口，供瞭望之用。敌台据长城险要之处而设，周阔 12 丈，可容三四十名军士。敌台是明代抗倭名将戚继光于 16 世纪后半期修建的。《明史·戚继光列传》载，戚继光建议“令戍卒画地受工，先建千二百座”。这 1200 座敌台只是山海关至北京居庸关一段，如果把万余里长城上的敌台数目加起来，那数量是相当可观的。

城台也是明代长城的重要建筑设施，城台是突出于城墙之外的台子，上小下大，略似马脸，所以叫马面。在需要重点防守的地方，约间隔 150 千米设一座，台面与城墙顶部相平。如台上建有房屋，就称为铺房，可供守城士卒巡逻时避风雨，便“兵夫得以安身，火器得蔽风雨”。墙台的外侧和左右两侧外沿砌有垛口，用于对攻城之敌进行射击。墙台起很大的防御作用，因“城墙正面不便俯视，恐其矢弹正面对攻，不敢眺望"。如果敌人进逼城下，城上将士若探身伸头射杀敌人，也容易遭受对方射击。

若有了突出城墙的城台，进逼城墙脚下的登城者，就会遭到左右城台上的射击，而使登城无法进行。所以墙台距离一般均在两个城台能够控制的射程之内。如嘉峪关城及其附近的长城、城堡、墩台，就设置合理，布局得当，构成了较为完善的军事防御工程体系，为保卫明王朝西北的安全起着举足轻重的作用。

长城沿线还筑有许多烽火台，明代也称烟墩，所以常有"五里一墩，十里一堡"的说法。烽火台是报警的通讯设施，具有守卫和瞭望的功能，是长城防御体系中的重要组成部分。烟墩也称烽燧、墩台、亭、烽火台等，是一种白天燃烟、夜间明火以传递军情的建筑物。多建于长城内、外的高山顶，易于瞭望的丘阜或道路折转处。烟墩形式上是一座孤立的夯土或砖石高台，台上有守望房屋和燃放烟火的柴草，报警的号炮、硫磺、硝石，台下有用围墙圈成的守军住房、羊马圈、仓库。烟墩的设置有四种：一是紧靠长城两侧，称"沿边墩台"；二是向长城以外延伸的，称"腹外接火墩"；三是向内地州府城伸展联系的，称"腹里接火墩"；四是沿交通线排列的，称"夹道墩台"。大约每隔5千米设一台，恰好在人的视力所及范围内。

驿传也是整个长城防御体系中的一项重要辅助设施。它是人员流动或物资运输时重要的休息地点和中转点，还负责传递往来公文，起到上情下达、下情上传的作用。为了准确、迅速地传递情报，在明代长城沿线设有驿站、驿所等设施。在明代长城的西端最重要的军事防御据点嘉峪关城及其周围的墩台布防就非常密集，关内外共分东、西、南、北四路，纵横交错，相互信息通达，组成了强有力的通信网络，可以在敌人侵犯前，做好充分的备战工作。

❖ 明长城的历史意义

长城是个历史悠久的充满着神奇色彩的古代军事防御体系。明长城又是我国历代长城建筑中最坚固、建筑与使用时间最长的长城，它抵御了北方草原民族对中原农业地区的侵扰，有效地防范了元朝的反扑，巩固了明朝的统治。

明长城本身还反映了明代社会的情况，如社会政治、经济、军事的情况，生产力发展水平、科学技术水平以及国际、民族间的关系，人们的生活习俗，宗教信仰等。日本学者稻叶也说："长城文化深湛而神秘，如果能探到这潜藏的宝藏，或许能揭示我国古老而珍贵的奥秘。"

明长城是我国历史上费时最久、工程最大、防御体系和结构最为完善的长城工程，它对明朝防御敌对民族的掠扰，保护国家安全和人民生产的安定都起到巨大作用。它充分体现了我国古代建筑工程的高度成就和古代劳动人民的聪明才智。

万里长城这座雄伟的军事工程，凝聚了无数劳动人民的血汗和智慧。特别是逶迤千里的甘肃明长城，六七百年来巍然伫立在西北朔风中，纵观历史风云变幻，见证了无数英雄儿女在西北这块多民族土地上谱写下历史的篇章。

第三章

现存的长城

第一节　长城面临的威胁

长城是人类历史上最伟大的建筑之一，不仅是中华民族的珍贵文化财富，也是世界文化遗产，全人类的共同财富。

目前，我国长城的保护、管理和研究的现状引起国内外各界的极大关注。社会舆论不断报道有关长城受到自然及人为破坏的消息。公众和专家也强烈要求加强长城的保护和研究，对目前长城的管理现状深感忧虑。

一些国际组织和外国人士对长城保护的现状也提出了批评意见。2001 年，挪威海德鲁公司在北京举办了"长城遗产保护研讨会"。会议上，联合国教科文组织北京办事处文化项目专员埃德蒙·木卡拉先生在发言中说："文物保护在我国碰到一个庞大的怪物，使我们很难驾驭。"

确实，我国政府在长城保护上遇到了难题。长城实在是太大，不能搬进博物馆中保护。

残 长 城

❖ 旅游开发对长城的破坏

我国改革开放 20 多年，经济发展取得了举世瞩目的成就，旅游业也得到了快速的发展。长城沿线的各级政府和群众对开发长城旅游资源的热情空前高涨，长城已成为世界上最大的旅游热线和支柱性旅游资源。

据了解，截止到 2004 年，有长城的 17 个省、市、自治区中有 10 个左右的省、市、自治区存在已开发或准备开发及被旅行社、各级政府列为旅游景点的长城段，总数达 230 余处。其中以河北、北京市最多，有景点 130 余处。绝大部分景区是由旅游部门、各种公司，甚至由村民个人投资开发经营，由文化文物部门开发管理的不足 10%。

河北省近年来提出了"全面保护长城文物、统一开发旅游资源、带动地方经济发展"的目标，并专门修建了一条全长 1754 千米的长城旅游公路，连接长城及附近景点 40 多处。在沿线村庄，经常可见"以发展长城旅游为龙头，带动旅游事业发展"的大幅标语。

但据河北省文物局反映，长城旅游公路沿线的各级政府在没有经过审批，又没有相应配套保护规划和制定规范的管理措施及技术指导的情况下，个人、集体、旅游部门一起开发长城旅游，形成了对长城的无序开发和缺乏有效管理的混乱局面。不仅当地群众和政府没有收到预期的经济效益，长城也受到严重的破坏。

山东、宁夏各省也存在旅游开发对长城造成严重破坏、甚至毁灭性破坏的现象。如宁夏回族自治区灵武市长城小龙头风景区在开发中，将原先的土筑长城按照北京八达岭长城的模式，改建为砖砌长城；山东省淄博市原山公园、章丘市七星台度假区对公元前修筑的仅剩遗址的长城进行了没有根据的复建，使长城面目全非。

前几年，联合国教科文组织我国办事处杜晓帆先生对我国一些世界遗产的处境打了个让人心酸的比喻："长城就像一位风烛残年的老人，被逼着乔装打扮出去赚钱。"我国主流媒体新华通讯社发表记者评述，称这是一次新的"造城运动"。

很多由旅游主管单位及公司、个人开发的长城旅游景点经常打着开发长城旅游是为了"保护长城"筹集资金的旗号，但这些基本上只是经营者喊的口号，在实践中才显示出它的真正目的。河北省金山岭长城改由公司经营管理后，每年收入三四百万元，8 年中不仅用于长城保护的经费不是 30 万元，而且将社会捐助的 30 多万元的长城保护资金也作为了公司的收益。

为了吸引游客，经营者在长城上或在长城保护区和建设控制地带内大量修建旅游服务设施，如八达岭、山海关、金山岭、司马台修建了索道，有的还建有滑道、卡通车、射箭场等游乐场所和商业网点、宾馆、别墅等。

自八达岭 10 年前开发了夜长城旅游项目之后，嘉峪关、金山岭也都实施了"长城亮起来工程"，在长城上安装了大量的照明灯。这些行为严重破坏了长城存在环境的原真性。

为了增加门票收入，在长城上举办大型体育、文化活动更是常见之事，甚至将"派对"、宴席办到长城上，长城的安全受到严重威胁。阿根廷《民族报》在报道中称，我国长城变成了"东方的迪斯尼乐园"。

随着经济的发展，经济建设速度的加快，生产建设活动对长城的破坏日益严重。基础建设对长城的破坏在陕西、宁夏，交通建设对长城的破坏十分严重。国家重点交通项目多数都经过审批，对长城采取了保护措施，最大限度地减少对长城的破坏。但是一些省、县、乡镇，特别是一些地方性的工业园区、私营企业自建道路时无视国家对长城保护的法律和文物主管部门的制止，强行将长城拆除修建公路。

如 2003 年陕西省定边县为了改善本县的交通状况，从高速公路修建了三条连接乡镇的引线公路，施工单位不顾文物单位的制止，强行从明长城遗址"穿城而过"，将长城"撕"开 3 个 30～40 米宽的大豁口。

据不完全统计，陕西境内的长城，因修路被挖开的豁口至少有三四十处。宁夏回族自治区中卫市工业园区中的一个公司，未经过审批就挖断长城修园区道路，还在长城上搞建筑、通排污管道，使长达数里的长城受到严重的破坏。

电力、通讯、天然气管道的建设，农业灌溉、矿业开采，以及林业部门和经济开发区、工业园区在长城上乱建设施和挖断长城，在长城上种树绿化、开渠破坏长城的事情也经常发生。

这些情况在河北北部、西北地区特别突出。此外，在长城上竖立电线杆，架设高压线和各种通讯设施及树立各种地质、水文标志的现象更是随处可见。

许多长城隘口修筑了水库，长城被淹没，如河北省潘家口水库，淹没了著名的喜峰口、潘家口长城及关城。

残 长 城

❖ 自然力对长城的破坏

我国明代以前的长城，在平原地区都是用黄土夯筑的，在山区是用碎石垒筑的。用砖包砌城墙，用巨型条石构筑城基那是明朝中期以后的事了，而且也只有在守卫国都北京及皇家陵园的长城中大量采用，其他地段只是在重要关隘、关城采用，大部分长城仍是用最容易取得和施工的黄土修筑的。

根据文献分析，明朝对于长城基本上年年都要维修，5 至 10 午都要大修甚至重修，也就是说明朝长城在自然力的破坏下，只能完好地保存 5 年左右。在诸自然力中，对长城破坏力最大的是水患、地震和风沙，其次是雷击和植物根系。

对土筑长城的破坏最为严重的就是长期雨水冲刷造成的水土流失，这往往导致长城的塌毁。这一现象在山西、陕西、宁夏、甘肃四省区表现得特别突出。

酸雨，被称为"空中死神"，是目前人类遇到的全球性灾难之一。现在我国已是世界第三大酸雨区，近年许多人发现长城砖上文字和碑刻上文字变得模糊以至消失，酸雨侵蚀是重要的原因。

我国是个多地震国家，北方长城多修建在地震带上，因此地震往往对长城造成很大的破害。至今，宁夏石嘴山市红果子沟口还遗留有由于地震引起的石筑长城错位的遗迹。

陕西、宁夏的大段长城被流沙淹没和侵蚀。至于被沙掩埋的长城是受到了保护还是受到破坏，目前还没有进行过专门研究，难以定论。亲眼目睹，风蚀对长城确有很强大的破坏力。特别是风力与水浸相合在一起时候，其破坏更加强大，那些处于雅丹地貌中的汉长城及其烽燧是最好的见证。

❖ 保护长城、刻不容缓

总体来看，近年来我国基础建设和旅游业的高速发展使长城付出了高昂的代价，给了我们一个非常沉痛的教训。我国的专家、百姓和中央政府开始检讨长城的保护工作，并采取措施给予纠正和制止。

2003 年 4 月文化部、国家文物局、建设部等 7 部委联合发出《关于进一步加强长城保护管理工作的通知》，要求"进一步明确文物行政部门的主管职能，不得将长城交由企业管理或作为企业资产经营。已经交由企业管理或作为企业资产经营的，要限期整改"。

北京、陕西、内蒙古自治区也制定了长城保护的专项地方法规；河北省、甘肃省、北京市等的一些省市还在长城沿线聘请了长城保护员，定期对长城进行巡视，制止破坏长城的行为；许多社会团体、志愿者、国际友人也参加了长城的保护工作。

各种媒体也对长城保护情况进行监督，对破坏长城事件公开揭露、批评。通过这些工作使更多的人能够认识文化遗产的价值，参与保护文化遗产的行动，分享文化遗产带给人类的好处。

只要中央政府重视，吸取国际上文物保护的宝贵经验，正视长城保护遇到的挑战，经过不懈的努力，一定会把祖宗留给我们的长城留传下去，要后人能记住我们，不能让后人视我们为败家子。

第二节　保护中那些曲折的故事

❖ 永昌长城

汉武帝时期，骠骑将军霍去病大败匈奴之后，为了巩固河西，保护"使者相望于道"的西域通道免遭北方匈奴的袭扰，汉朝开始在河西走廊北侧修筑长城。永昌便处在河西走廊最狭窄险要的"蜂腰地带"。明朝经过"土木堡之变"以后，北方的游牧部落瓦剌、鞑靼不断兴兵犯边掳掠，迫使明王朝把修筑北方长城、增建墩堡视为当务之急，永昌境内的汉长城也因而得以补建，从而形成了目前永昌境内保存下来的大部分长城。

不过，长城在历史上用来作为抵御异族的军事防备系统的这些重要功能，在今天似乎已经完全从当地人的概念中消失，只能从一些当地人的讲述中隐约找到一些历史的影子。按照当地老辈人的说法，以前，土墙的南边是种地的汉人，北边是赶牲口的蒙古人，那时候，蒙古人的牲口常常到汉人的田地里吃庄稼，为了保护庄稼，才搭了这么个土墙。

在金川西村西边的毛布拉村，村里大多数人都不知道"土墙"来自什么年代。这个仅有300多口人的村子，大部分都靠种植长城两边的麦田和养羊生活。由于长城正好分割开了田地，为了穿过田地，村民们在墙体上挖了几个口子用于人和羊的穿行。

在金川西村，几乎每户村民家中都有将长城"信手拈来"的屋墙。村民们对长城充分加以"利用"，所盖的房子多依长城而建，村民们认为这样起码可以少盖一堵墙。在这里，长城充分实现了作为"墙"的各种用途：院墙、屋墙、牲口棚墙，甚至厕所墙……这个位于大山中的村子，如今已经完全将千百年前古人用于防御外敌的浩大军事工程，拆分融入到了自己的最基本的生活中。对于长城，村民们除了大多在这几年才知道它的"学名"外，对于把房子盖在长城上，似乎也并没有人觉得有什么特殊之处。

永昌县内从毛布拉村到金川西村这段目前保存完好的长城，位于群山环抱而形成的峡谷之中，由于山体为长城阻挡了部分的风力，加上气候较为干旱，不容易受到雨水的侵蚀，因此自然因素的破坏程度相对较小，在沿线无人居住的峡谷中，长城的墙体保存得相当完整。在金川西村以东的一些长城遗址上，竟然保存着城墙上方的边墙，城墙的顶部也较此前各段长城"宽敞"许多。不过城墙上的一处墩台，由于修路，已经坍塌而不可见其原貌。

新中国成立以前，永昌的这些长城无人照管，基本上处于自生自灭的状态，虽然没什么人管，也没什么大的人为破坏。新中国成立初期，长城沿线的农民在长城脚下随意开荒造田、取土挖沙、建房修渠，使得不少原来保存较为完整的长城段坍塌。

到了20世纪70年代中后期，全县搞了一场轰轰烈烈的"农业学大寨"的劳动活动。由于沿线村民的文物保护观念淡薄，在这场火热的劳动中，金川西村和邻近各村的农民组成了一支"平田整地专业队"，在今天城关镇金川西村的长城上横挖出了数条通道，这段长城便基本上变得支离破碎了。

而金川西村的长城屋墙就是在这样的过程中形成的。当时为了运山上的土来垫地，生产队在墙上挖了好几条大通道，因为当时这墙挺厚实的，村里有人还挖了窑洞住在里边，或者是存放一些工具、晒干的羊粪什么的。后来长城城墙被分割成一段一段的，村民们干脆开始"就地取材"，或者利用墙体盖上了牲口棚，或者就着墙面在两边垒上土，在院子外边搭起一个厕所。

而在这段保存完整的汉长城遗址的西端，矗立在毛布拉村田野之间的长城，虽然现在依旧有着连贯完整的样貌，但也正在村民的农耕劳作中不断遭到侵蚀，变得岌岌可危。毛布拉村的田地由于就在长城脚下，当地农民沿着城墙根开渠引水，使得不少长城墙体在水流的侵蚀中坍塌。在一些农田边上，由于长期受到农田潮气的侵袭，长城的墙基处已经开始出现明显的断裂塌陷，一些墙土脱落下来后，仅剩下田埂状的泥土。在毛布拉村的一段农田里，农田的侵蚀造成的墙基脱落，竟然使得一个从前的墩台完全破碎坍塌。这些情景清楚地表明，如果再没有任何保护措施，要不了多久，这些现在看起来还算完整的城墙，也许都将遭遇和这个坍塌的墩台同样的命运。

这种情况直到 21 世纪初才有所好转。2001 年，永昌县博物馆对全县境内的长城划定了保护范围和建设控制地带，在保护范围内，禁止耕种，禁止搭建任何建筑物，对个别地段依长城或城障随意搭建羊圈的情况也进行了妥善处理。博物馆的工作人员还对长城沿线村民进行了《文物保护法》的宣传教育。2004 年在对全县境内长城进行安全保护检查后，县博物馆开始制作文本，推荐永昌县境内的汉、明长城申报第六批全国重点文物保护单位。

但是，由于长城属于不可再生文物，那些已经坍塌在村民们田间地头和消失在村中屋墙之中的长城，似乎只能默默承受着它们已经被伤害的命运。

虽然从长城豁口处走过的牧民已经知道这堵土墙的名字叫做长城，金川西村的村民也已经知道自己的屋墙原来是祖辈留下来的"宝物"，可直到今天，长城依旧在农田的潮气中被侵蚀和脱落，在村民的牲口棚、杂物棚中黯然失色。

不过，最新的消息表明，金川西村这些村民屋墙中的长城有望重见天日。自 2003 年起，永昌县开始重新修复金川西村旁边隋唐时期的著名古寺圣容寺，根据县旅游部门的规划，将同时对沿线保存约 10 千米的汉代、明代长城等文化遗迹加以保护维修，打造成一条系统的旅游线路。现在，圣容寺的大殿已经修筑完毕，沿线的道路也正在逐渐进行铺设，而关于长城的保护维修工作也即将启动。这些如今依旧以屋墙面目呈现在大家眼前的长城，将有望以它本来的面目，再次呼吸到旷野的新鲜空气。

❖ 荒漠残垣——民勤长城

民勤县所辖长城有汉长城和明长城两种，均为黄土夯筑结构。

其中，汉长城长约150千米，分两支向西南及西北方向进入永昌县境，明长城长约120千米，在汉长城西侧拼建而成，与汉长城合二为一。

民勤境内的长城因年代久远且风吹日晒、雨淋沙侵，加之早年的人为破坏严重，大部分地段早已被开垦为耕地，有的成了鱼脊形，有的尚有清楚的遗迹，小部分地方的长城已成残墙断壁且间断不连接。现只有大坝乡境内南北走向约6千米的一段长城（这段长城汉、明共一支），除一部分被风雨侵蚀倾塌并被沙土埋压外，基本保存完好，部分地段城墙高3.5米，墙基宽4.65米。

在甘肃西北的巴丹吉林沙漠和腾格里沙漠南端交会处，自古以来便有一块绿洲。现在，很多人知道这片绿洲叫做民勤，因为它是全国最干旱、荒漠化最严重的地区之一，也是我国北方地区的最大沙尘暴中心和起源区之一。而在种种关于"沙尘暴之乡"的记忆里，民勤作为古代丝绸之路上军事要塞的历史地位却在渐渐淡化。这里自汉代时便修筑起了长城和众多边塞，明朝时又在汉代长城基础上加以补修，从而成为明朝"镇番"的最前线。长城从西部的永昌县进入民勤境内后，曾经长达120多千米，但如今，那些在沙漠中慢慢被吞没的长城，正在被包括当地人在内的社会群体所遗忘。很多当地人不知道长城在哪儿。

从民勤县城向西北方向行驶约20千米至大坝乡文一村，汉明长城遗址便出现在公路旁的田地里。如果不是甘肃省人民政府竖起的两块文物保护单位石碑，这些被公路隔断、已经只剩下高不足一米的几段土丘状断墙残垣，绝不会让人联想到雄伟的万里长城。与其他一些地段的长城相比，民勤境内这段据说是"唯一"可以看出形状的长城，只能称得上是几块土堆。由于当地沙化严重，加上泥土的碱性大，这段不足 3 千米长的长城遗址在雨水风干后，踩上去竟然像海绵一样松软，人一碰触，便不断有表层的泥土脱落下来。长城的墙体上，有两处被当地人挖出来弄了两个圆形的砖窑，如今，烧砖的行为虽然不再，但砖窑却依旧保留在长城之上。更令人吃惊的是，长城西侧和一条乡间土道之间，密密麻麻满是大大小小的坟头，大略有 30 个之多。按照当地村民的说法，人死了总要找块地方埋，政府规定耕地里不许埋人，这块地方一直闲着没人管，就把人埋在这里了，也没人说什么。

三角城这个古代绿洲中曾经联系着长城的重要边塞，如今仅仅剩下了沙漠里一个 20 多米高的土台。

已经被沙漠吞噬的长城遗址，位于巴丹吉林沙漠和腾格里沙漠交接处一块叫西沙窝的地带，这片沙漠深处至今仍保留着一系列长城烽燧和古城遗址。沿着这些古城，两千多年的汉代长城在早期的绿洲边缘构成一道防线。民勤博物馆的资料显示，沙浪滚滚的西沙窝在新石器时代至汉唐时期是一片繁荣的绿洲，汉代的很多军政建置即设于这片古绿洲中。明朝时，作为"镇番"前沿的民勤，以明长城为界，发展出两种全然不同的经济模式：长城以内是水利—农耕经济；长城以外是草原—游牧经济。农耕和游牧经济在明朝两百年间的滥垦放牧，加重了植被的破坏，而不断的战乱破坏更是让长城损毁严重。到 17 世纪中叶，由于清王朝改禁垦为放垦的政策，再次加速了这里长城沿线地区森林、草原、植被的破坏，荒漠化不断由垦区向周围蔓延。沙漠在一些地段没及城墙，甚至越过长城南下，沙逼人退的严重后果便是长城周围的大批居民被迫外迁，西沙窝的许多古代烽燧及长城遗址，便逐渐被流沙埋没在浩渺的沙漠之中。

从沙漠边缘向深处需要步行近 40 分钟才能到达汉塞遗址三角

城。这个古代绿洲中曾经联系着长城的重要边塞，如今仅仅剩下了沙漠望一个 20 多米高的土台。据说很多民勤人一辈子都不知道这个汉塞长得什么样子。

站在旧城废墟上向四周远眺，曾经绵延不绝的长城城垣，在一望无际的沙漠里早已不复存在。据说，即使是来民勤旅游的人，也很少会有人到这里来看长城，这里还算好，只走 40 分钟就能到。还有一个连城遗址，从沙漠边上进去，有十几千米远，除非开着越野车，靠走进去是不可能的。

人都待不下去，怎么保护长城，长城保护不是工作重点。因为风沙逐年推进，民勤的可用耕地不断减少，在长城边上，别说像别的县市规定 50 米的保护范围，就算是现在规定的长城两侧 10 米的保护范围都根本不现实。大坝乡那段长城，是现在民勤境内仅剩的能看出形状来的长城，东边是农民把田地种到了长城墙跟，西边有很多坟头，民勤的耕地紧张，人要活下来，只能是想办法多种些地。长城西边因为和村路就隔了 10 米，种地不合适，但是在农村，很多人家里有人去世了，都习惯土葬，按照规定又不能葬在耕地里，那里就是很好的地方了。虽然这种做法不可取，博物馆工作人员也曾经多次带队到附近村子去做宣传，但是收效甚微。

当地政府希望国家能将民勤风沙源列入全国防治重点，每年给 4000 万元专项资金。

在民勤这个有着"沙尘暴故乡"之称的昔日绿洲，沙漠正以每年 15 到 20 米的速度侵蚀着人居地区。而汉代、明代长城，便在肆虐的风沙中被包围与风化，等待着它们的，似乎是难以逃脱的被风沙掩埋与逝去的命运。在曾经有着 120 千米长城的民勤土地上，如今的汉明长城仅仅剩下了被风沙"打磨"后的土丘，除了在当地大坝乡不足 5000 米的一段鱼脊状长城遗址外,民勤剩下的长城痕迹早已被包围在沙漠之中。在那些人迹罕至的沙漠中央,岁月的沙粒日复一日地冲击着这些历史的见证者,而它们,甚至连伤痕累累的躯体也将在风化中了无痕迹。那些至今被孤独地遗弃在沙漠中央的长城烽燧和古城遗址,已经成为民勤长城的绝唱。

之前还是一片江南风光,走着走着就进入了漫无边际的沙丘之中。一座座沙丘上面长着骆驼草、红柳、沙棘……沙丘之中只剩下了一座汉代的兵寨,模样还依稀可辨。起先该县境内的汉长城、明长城共计约有 120 千米,如今大都已经被淹没在茫茫的沙丘之中,与沙漠连成了一片。

如果游客从武威出发去往民勤,会发现刚开始周边还是一片片绿油油的麦田,看起来很有点南方的味道,走着走着就开始变成了大片大片的沙丘,最后变成一望无际的沙漠,能明显感觉到烈日的炙烤和温度的升高。去往长城遗址没有更宽的路,因此只能步行进入。

徒步走进沙漠,会立刻感觉到皮肤在烈日下被炙烤,一阵阵的风沙刮得人睁不开眼睛。除了风声,沙丘寂静无边。让人感觉到如果一不小心,就会迷失在这里。登高在沙丘上即可看到远方有一个很大的土墩台一样的东西,这是汉代留下来的一个兵寨,长城遗址离兵寨有二三十米。

现在,每年县政府财政投入四五万元对长城进行保护,主要是和沙化作斗争。他们希望国家能将民勤风沙源治理列入全国防沙治沙重点,将民勤县风沙源综合治理项目立项,每年给予 4000 万元的专项资金扶持。风干土丘以蚁穴面目展现沙石的不断冲击让这些矗立了千百年的城墙变得千疮百孔,成了蚂蚁们安家和布满坟冢的荒凉之地。

沿着这些古城，时光在一望无际的沙漠中追溯回转：在两千多年前的汉代，这里还是一片繁荣的绿洲，这片沙漠绿洲突出于河西走廊平原之北，是通往河套、漠南的要径，亦是匈奴等民族南下的天然通道，占有十分重要的军事地理位置。秦汉时，甘肃地区有"大小乔木，连跨数郡，万里鳞集，茂林荫郁"的记载。而在民勤的沙漠古长城沿线，曾经是"森林广布，水草肥美"的地区。因为人类的活动，这片繁荣的绿洲在明清时期便开始在农耕垦荒中遭到巨大的破坏，植物从土地上消失，裸露的沙土大片出现，风从沙漠中带来的沙砾开始在毫无遮掩的土地上恣意横行。而曾经抵御过无数次外族入侵的万里长城，在肆虐的风沙面前，变得全无阻挡招架之力。

千百年间，无人问津的长城常年受到风沙的侵蚀，加上民勤土地的碱性过大，雨水过后，重新风干的长城墙体由于失水而表皮开裂，土层也变得松软，踩上去，很快便有泥土脱落。这些昔日雄伟高大让人仰止的浩大军事工程，如今竟被风化到了只剩下不连贯的半米多高的土丘。沙石的不断冲击让这些矗立了千百年的城墙变得千疮百孔，成了蚂蚁们安家和布满坟冢的荒凉之地。

只不过，在这个人的生存都必须在和风沙的搏斗中艰难维系的地方，关于长城和它的生存现状，正在为人们所遗忘。面对着沙漠的逼近，不断有村落成为新的被抛弃和遗忘的牺牲品，还有河流湖泊的干涸、村庄耕地的衰败……

当环境的破坏已经到了无法让我们生存下去的地步时，对于长城和它的保护，我们还能有何奢求？让我们记录下以这种方式存在着的万里长城，带着悲哀和无奈。因为那些现在还能以蚁穴面目展现在人们面前的风干土丘，终将于不久的某一天，被淹没在历史的风沙中，不留痕迹……

❖ 成了药材和石料——三关口明长城

据了解，明朝蒙古鞑靼和瓦剌等部经常从内蒙古阿拉善等地进入贺兰山赤木口（今三关口），直驱平原各地。明统治者为了保障边防安全，特于三关口筑长城（明称边墙）设关隘，使其成为古代银川城防"四险"之一。三关口明长城位于银川市西40余千米的贺兰山南部。此关口是宁夏与内蒙古阿拉善左旗的交界地，银川至巴彦浩特公路穿关而过，在关口处可看到残断长城遗址。三关即从东向西，设头道卡、二道卡和三道卡，后人称之为三道关。这里山脉蜿蜒曲折，地形雄奇险峻。原两山夹峙的山坳中，建有关隘。

据史书记载，明嘉靖十年（1531年）宁夏佥事齐之耗"万金"，修筑了南起大坝堡，北连三关口，长达80千米的长城，后被风沙填平。嘉靖十九年（1540年）宁夏巡抚杨守礼重新奏筑修葺了旧有边墙，增筑了三关口以北长城。

在银川地图上可以看到，在银川长城旅游专线中赫然列有三关口长城，然而很多本地出租车司机都说，当地市民很少去三关口长城，而外地游客也较少前往那里参观游览，现在那里已经非常荒凉。现存蜿蜒数千米的长城仅仅剩下高约几米的土墙，中途一些地方被大小道路打穿。长城顶上已经长满了荒草。爬上山坡，只有风声、车声，听不到一点人声。荒凉的山坡上，看不到一个游客，本地人也罕有涉足此地的，仅在长城脚下有几名施工人员。很难想象，这就是古代银川城防"四险"之一的三关口长城。看此荒凉景象，不由得让人发出沧海桑田的感慨。

历经 500 年，三关口长城仍坚挺至今，基本保持完好，靠近贺兰山一侧除少数不复存在外，虽然经历了让人几乎站不住脚的山风的磨砺及充足雨水的洗刷，多数仍清晰可辨。山对面绵延开去的三关口长城也许是得贺兰山的庇护免受风雨之苦，高达七八米的城墙依旧高耸，除少数被山洪冲毁外，多数仍为户外运动爱好者的乐园。

但是近年来，有不少医生意外地发现三关口长城有一块大面积的石灰层，这种年代久远的石灰在是配制胃药的上佳材料。年代久的石灰富含氨基酸，有开胃促消化的功用，用它和几十味草药配在一起，就可以治胃病，所以不少人都上长城挖石灰制药。而且在靠近贺兰山的长城一侧，采石场的热火朝天地作业已维持了十年之久，后来被发现，政府虽然也对他们罚了款，但一段长城就此荡然无存。

三关口也只是宁夏长城现存的一部分，在有"我国长城博物馆"之称的宁夏，自西周时期开始，秦、汉、隋、金、明等朝代都曾先后在此修筑长城，现存长城总长度 1500 千米，有城台 700 多座，自秦至明的历代长城在宁夏皆有遗址。

长城的人为破坏在宁夏曾屡见不鲜，并多次见诸报端。凡长城经过的平原或山区可耕地带，损毁程度触目惊心：被誉为"宁夏八达岭"的贺兰山北岔口长城脚下，采石场放炮随时威胁着长城的安全；贺兰山三关口众多采石场不仅滥采乱挖，而且为了通行方便，随意在长城上"开口子"。在长城上私建庙宇、乱挖乱建，以长城为羊圈墙、厕所墙，在长城上掏窑洞居住、储物的现象更是不胜枚举。更有甚者，有些地方将古老的秦长城推平取土。2005 年，中卫市在修公路时为了取土，把一段明长城挖断了 80 多米。为了不被人发现，施工者在半夜挖土，等天亮有关部门知道此事时为时已晚。最终，中卫市文物部门对此进行调查，公安机关也立案侦查。但文物是不可再生资源，一旦被破坏就永远难以修复，为子孙后代留下难以弥补的遗憾。

长城的自然和人为破坏实在令人着急，针对这一现状2005年宁夏"两会"期间，提出了《保护长城刻不容缓》的提案。而且关于宁夏境内的长城调查以及相应的明长城保护规划工作也将启动，宁夏还专门出台了《宁夏长城保护办法》，还计划建一座长城专题博物馆，使更多的宁夏人了解长城的历史和现状，增强保护长城的意识。而且宁夏将每年的5月18日定为宁夏"长城保护日"。

❖ 60 年的窑洞——盐池长城

盐池古称花马池，地处北方边陲，战略地位十分重要。历代王朝为巩固边防，在这里修筑了多条长城。目前，盐池的长城明显的共有4条。其中明代长城3条，分别建造于明成化十年（1474年）、明弘治十五年（1502年）、明嘉靖十年（1531年），总长度为186千米；另一条为隋长城，筑于隋开皇五年（585年），长30千米。隋长城遗迹在全国已十分罕觅，盐池这段显得尤为珍贵。4条长城呈夹角之势将盐池包围，因此，盐池有"长城博物馆"之誉。

但是这里的长城被村民的窑洞钻得千疮百孔；这里的长城是全国唯一用围栏保护起来的。当地居民充分利用起了长城的"价值"：倚着长城盖起小院，用来当猪圈、鸡圈、羊圈；将长城墙体掏成窑洞存放杂物。面对这种严峻的形势，当地政府已开始注重长城的保护，目前保护长城的围栏已建成19万米，今后两三年内，境内古长城将全部实现围栏保护。

当地人一直称挖窑洞的地方是边墙，直至后来才知道边墙就是长城。据说秦始皇命令30万人修筑长城，尸骨成山，为天下百姓所痛骂。明朝害怕与秦的苛政沾边，所以长城避而不叫长城，而叫边墙。但明朝修长城比秦更甚，甚至在盐池境内，出现两道长城"并辔而行"的景致，一道是头道边，另一道叫"二道边"。

站在离盐池县城50多千米开外的兴武营，可以找到这两道边长城的痕迹。在腾格里沙漠的边缘，已经只剩下一些黄土堆，只有忽隐忽现的烽火台如同项链上的珠子，连接起两道边的星星点点，长城的脉络这才清晰起来。

像这样的长城在盐池县境内并不短。从银川到盐池的高速公路经过一个叫"高沙窝"的地方，从这里放眼望去，烽火台此起彼伏，长城由西向东与高速公路一路相随，却在不远处被高速公路"腰斩"而一分为二。

站在五堡村的长城墙体上，人为的破坏触目惊心。依靠着长城，当地居民盖起一个个小院，城墙的边上，无一例外是猪圈、鸡圈、羊圈。在墙体上，居民也将长城掏成窑洞存放杂物，一个小院里甚至掏出三四个。在五堡村的整段长城上，出现陕北方能见到的成排窑洞，如今这些窑洞依然发挥着功用，被用来存放粮食。

从五堡村进入盐池县城，就是"长城公社"，这里的长城已经只剩下断壁残垣，上下两段之间，已经被房子完全隔断，要找到非常困难，如同一条长蛇，被斩成数段后，中间的许多段已经不知所踪。即使在能够找到的长城土墙两边，也如同五堡村一样，变成当地居民圈养家禽和家畜的地方。

按照《长城保护条例》的相关规定，长城上不能用于设置生产生活设备，但在五堡村，居民生活用电的电线杆就是以长城为基，两条村用公路直接将长城豁开，其中一条的颜色还较为鲜亮，看来修路时间并不久远。幸而这些破坏出现在二十世纪六七十年代，近几年长城基本没有人为破坏的情况。

为了更好地保护长城，已经开始设置围栏保护长城，这样不仅仅对长城起到很好的保护作用，更重要的是起到了宣示作用。

更多位于广阔原野的长城边，一道围栏已在逐步形成。在盐池县兴武营村明长城遗址两侧 50 米左右的地方，每隔 10 米左右就有一根水泥桩，并用铁丝网连接，完整地将长城圈在了里面。据盐池县有关负责人介绍，该县 2005 年 11 月首次投入 135 万元，在沿长城两侧距离墙体 50 米处，实施了长城围栏保护工程。

已经完成围栏保护的是长 90 千米的"头道边"明长城遗址，围栏共计 19 万米。今后两三年内，境内古长城将全部实现围栏保护。在盐池县下发到各单位的一份通知中，标明围栏保护工程的范围是以东起花马池镇王圈梁自然村（盐定交界处）、西至高沙窝镇张记边壕（盐灵交界处）的这条明长城为主线，对长城两侧各 50 米的范围进行封闭式围建，围建总面积 1.53 万亩。此外，为防止风沙侵蚀，盐池还准备造 2 万多亩防护林，如今已建起 1.7 万亩。

从银川到盐池的高速公路上，就在将长城"一分为二"的地方，耸立着一块巨大的"保护长城"的蓝色牌子。自从《长城保护条例》实施之后，修公路毁坏长城的事件已不再重演，一个鲜活的例子是，如今正在修建的从中卫到银川的公路，经过长城的地段采取了建高架桥的跨越式，长城也因此免遭"腰斩"之灾。

❖ 好用的青砖——榆林长城

榆林位于陕西北部，境内长城北为毛乌素沙漠南缘地带，长城南侧为黄土高原。长城由神木县三台界向西南延伸，出神木县入榆林境内。其在榆林辖境内的大致走向为：由大河塔乡的海则沟村向西南至双山乡的李家峁，然后仍向西南经麻河梁、六墩至十八墩村，由此转南至牛家梁乡的常乐堡，又向西南经塌崖畔、边墙、关家梁诸村至镇北台。过镇北台，长城继续向西南约行 1 千米，抵榆溪河东岸。过榆溪河，城墙又向西南经芹河乡的河口梁、十六台、三十台至黄沙七墩村。由黄沙七墩村继续向西南约行 2.5 千米，便出榆林境内而入横山县界。榆林境内所辖长城约 95 千米。

新中国成立前这里的村民上城墙躲匪患，新中国成立后他们却拆墙砖建新房。这一段长城是修公路时被人为用炸药炸毁后，就地取材把城砖和城土拿来修路基，然后周围的老百姓也上去搬砖盖房子，就这样，一段长城就被毁掉了。

站在十八墩村较高的烽火台上，可以清楚地看到，眼前的这条公路与长城并行，延伸至远方的公路黑得发亮，重载的运煤车川流不息，但与公路一路相随的长城，只剩下少许墩台和土墙，成为唤起明长城的记忆片段。

十八墩的居民住得较为分散，在长城沿线也只有几户人家的家中可见长城城砖，但在 10 千米开外的常乐堡，这个 100 来户人家的村子几乎就是用长城的青砖建成的。

进入村口，两道高高的城墙巍然耸立，城墙的两边都有穹形的门洞，这是瓮城的典型标志。如今已是物是人非，两个门洞的一侧被堵死，另一侧铁门紧锁，里面放置的布满灰尘的桌椅、沙发等物，说明这个瓮城曾经被人用为住所。两面的墙壁上部，仍残存着一半大块的青砖。下部容易刨下的青砖都被当地老百姓搬回去建了房。

在瓮城一侧几米开外，就能轻易找到这种证据，一个五孔的窑洞全部是由长城青砖搭建而成的，门前低矮的厕所，院子的外墙，与红砖颜色差异明显的长城砖随处可见。

顺着瓮城进入村内，眼前的境况更让人吃惊，整个村子就是由长城砖建成的。每家每户的院墙、院子全是大而厚的青砖，甚至村子另一侧的两座庙宇，墙体都是青砖。虽然在时下新修的几间房中，也使用现在烧制的青砖，但砖体小而薄，与长城砖形成鲜明对比。

如果要寻找往日榆林长城青砖高墙的盛况，那就只能去榆林镇北台，这个与山海关、居庸关、嘉峪关并称为"三关一台"的"万里长城第一台"雄姿依旧，龙盘虎踞于陕北的红山之上。

镇北台位于红山最高处，塔状，共分四层，总高 30 余米。站在这个榆林最高点上，登临台顶，极目远眺，方圆数十里尽收眼底。在它的同一轴线上，几乎同高的凌霄宝塔遥相呼应，成南塔北台之势，成为榆林的守护者。这座高台全部由青砖包砌，各层亦有雉堞围墙，东西有长城相连，如今高高的黄土墙历经 500 年依旧"健在"，东接灵武，西至盐池，在陕北的黄土高坡上连成一体。

镇北台建于明万历三十五年（1607 年），是榆林镇巡抚涂宗浚为保护红山马市贸易设立的一个观察哨所，也是万里长城中最大的一座城台。镇北台北有款贡城，是当时蒙汉办理各项交涉的地方；南有易马城，为蒙汉的马市。长城由镇北台向西，被榆溪河隔断，为防蒙古人从水路袭击，河水两岸凿石为穴，屯有重兵把守。战事之后，僧侣文人在石壁上刻字题诗，在石壁之中供奉高僧大德，这些保存得十分完美，也成今日榆林一景——红石峡。

20 世纪 90 年代初，镇北台修缮了一下，原来只有四层的台基上，按照修旧如旧的原则，请专门的工匠加了四层垛台。原来因无人管理，台里成为当地老百姓放羊圈羊之所，后来用铁丝网铁栅栏圈起来，于 1996 年对外开放。

当年邓小平提出"爱我中华，修我长城"的口号。在榆林长城学会第一任会长张泽厚的张罗之下，召开了十几位国内著名长城专家参加的榆林长城专题研讨会，并在镇北台下举行声势浩大的捐助活动。榆林民营企业家黄瑜当场掏出 10 万元捐资修建一个长城墩台，如今他已成为榆林长城学会的副会长。在他的带动下，本地企业家张志亮也资助 10 万元修复镇北台的二号墩台，另一位企业家尚建国掏 20 万元修建东边的墩台，如今这三个墩台均已建成，与镇北台呈互为犄角之势。

在十八墩，《长城保护条例》也渐渐深入人心，但不容乐观的是，有人在保护，有人却仍在继续破坏，红石峡生态公园计划在这一地段修一座宾馆，在三通一平之中，一段几百米的长城被推掉，荡然无存。同样在镇北台西南 800 米处，还有明代易马城遗址，据《榆林府志》记载，易马城是当年 11 个蒙汉民间贸易场所之一，也是蒙汉民族和睦相处的历史见证，如今黄土城墙依然保存完好。但作为榆林文物保护机构的榆林市文物局，却要以开发单位的名义，计划投资 6000 万元"创造"一个书法艺术长廊，结果将易马城的一边铲除，搭起一道高高的水泥防护墙。

榆林经济目前在陕西排名第三。可以用"三交、三地、三点"来归纳榆林的特点。"三交"是说榆林位于黄河、长城的交会处；农牧文化和草原文化交融处；黄土高原和蒙古草原交会处。"三地"是说榆林是陕北文化腹地；资源宝地，地下蕴藏着煤等丰富的资源，号称"我国的科威特"；另外，榆林也是我国的精神高地——在解放战争中，一些改变我国命运的会议便在榆林召开。"三点"是说，榆林是红军长征进入陕北的第一个落脚点；解放战争由防御走向进攻的转折点，毛主席在榆林不再使用化名李德胜；另外，榆林也是走向全国胜利的出发点。

榆林历来为兵家必争之地，历史上多个朝代都曾在此地修建长城，共有战国、秦、隋、明四个时期的长城。据专家调查，与其他地段的长城相似，榆林长城遭受自然和人为破坏的情况也相当严重。截至目前，榆林明长城保存较好的约占总长度的35%，保存一般的约占35%，保存较差的约占30%。

山下一块被断续土城墙围起来的山坳便是"镇北台"台下的"款贡城"遗址，目前已经被掩埋在10余米的沙漠黄沙之下。现在有将它重新挖掘出来恢复原貌的计划。如果将黄沙挖走后，镇北台看上去会更加雄伟高大。镇北台附近的长城，原本外有砖石，新中国成立后，因为缺乏必要的保护，一些农民盖房就地取砖，用来盖房甚至建了猪圈。所以，目前仅剩下长城内的黄土高墙裸露在外，任由风沙侵蚀。

镇北台周围均为平地，四层高的镇北台远远看上去很是雄伟。据镇北台工作人员介绍：镇北台始建于明万历三十五年（1607年），是明朝"隆庆议和"与"和平互市"的产物，是"蒙汉一家"和开创边关和平环境的历史见证。2001年被国务院公布为全国重点文物保护单位。

据介绍，镇北台位于榆林城北4千米的红山顶上，据险临下，控南北之咽喉，为古长城沿线现存最大的要塞之一。台呈方形，共4层，高30余米，占地面积5056平方米。紧依台北下方建一方形小砖城，名"款贡城"，是当年蒙汉官员接洽及举行献纳贡品仪式的场所。

目前对游人开放的镇北台为明朝修建，没有被毁坏，还可以存在很久，但它周围的长城，砖石已被当地居民拿走，如不采取措施加以保护，估计百年之后便会变成一片平地。

❖ 被煤拯救了——神木长城

神木县位于陕西省北部，北接内蒙，东邻山西，神木县有秦长城和明长城，其中秦长城有 400 米，明长城在神木境内横跨 7 个乡镇，总共长 120 多千米，墩台有 186 座。长城沿西南走向由府谷县入神木县界，继而转入榆林县界。神木县境内西部长城大多在毛乌素沙漠之中。神木长城多有墩台筑于高台之上，四周又皆有约 30 米见方的夯土围墙，现今这些高 4~6 米的夯土围墙多已为黄沙所侵，夯土城墙绝大多数已经荡然无存，仅有数座夯土墩台孤立于沙漠之中。神木县城西北角有一座经修复的砖砌空心敌楼，这座敌楼属于明长城的一部分，经过几百年的风化，只剩下一座土坡。1995 年当地人自筹资金 30 万元，修复了包括这座楼在内的 4 座墩台，其中空心敌楼两座，烽火台两座。

在我国西北，长城沿线的绝大多数地方，历经千百年的长城城墙和烽火台的砖，依然是当地村民们筑地基建民房时觊觎的对象，挖长城砖也依然是现今长城遭破坏的主因。而在神木这个我国煤炭第一县，国民生产总值 80 亿元，财政收入 19.8 亿元，城镇化水平接近 70%，砖对于当地人的经济意义和价值几乎全无。"挖长城砖"，在神木已经近乎历史名词。

神木煤炭资源的大规模开发，不仅没有破坏当地的长城，反而在一定程度上促进了长城的保护，但是也并不是一直都是如此，如果早 30 年能像现在这样保护长城，神木的长城绝对不会是目前的样子。

在 20 世纪 70 年代至 80 年代，从长城上扒砖很普遍。由于地处沙漠地带，地表缺少泥土，尽管煤炭资源富裕，但是神木当地鲜有造砖厂和砖窑，因此砖由于奇缺而变得珍贵。在高家堡长城遗址附近可以发现，村民们的房屋和牲畜院墙的建筑用砖，和遗存的长城烽火台上的砖外表非常相似，如果哪家建房不用长城砖，反而会被其余人骂是傻子。

神木县位于陕蒙晋三省区交界处，地处浩瀚的毛乌素沙漠边缘，游离在沙漠和绿洲之间。延伸至此的秦长城、汉长城和明长城，千百年来一直遭遇着风沙的自然侵袭。不过，20世纪90年代开始的一系列造林还林措施，已经基本上将这块沙漠改造成遍布绿草和树木的水土。

500年的风沙侵蚀没有毁掉明长城，20年前人们为了获取青砖而抢挖长城城墙和烽火台，毁掉了陕蒙晋边境毛乌素沙漠边缘的神木具明长城的基本面貌。不过煤却拯救了遍布伤痕的濒危长城。

30年前那段荒谬的挖长城运动已经成为过去，如今的轰轰烈烈的全民挖煤运动，都让很多人看不明白。不过，对于长城的保护和未来，却很有信心。

第二节　现存的长城

纵使一大段的秦砖汉瓦在自然的风化、水蚀、地震甚至人为破坏之下，逐步濒临消逝。然而，仍然有那么多积淀千年，在岁月的河床上绵延不绝的脊梁留了下来，它们还将继续守卫着整个华夏。

现存的长城有八达岭长城、慕田峪长城、司马台长城、金山岭长城、山海关长城、嘉峪关长城、虎山长城、大同长城等。

❖ 八达岭长城

　　位于北京延庆的八达岭长城是明长城中保存最完好，最具代表性的一段。这里是重要关口居庸关的前哨，海拔高度1015米，地势险要，历来是兵家必争之地，是明代重要的军事关隘和首都北京的重要屏障。

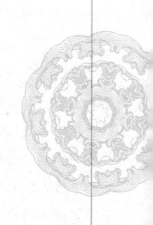

八达岭长城

　　八达岭长城是我国古代伟大的防御工程万里长城的一部分，是明长城的一个隘口。八达岭长城是明长城向游人开放最早的地段，八达岭景区以其宏伟的景观、完善的设施和深厚的文化历史内涵而著称于世。登上这里的长城，可以居高临下，尽览崇山峻岭的壮丽景色。

　　八达岭长城古称"居庸之险不在关而在八达岭"。明长城的八达岭段是长城建筑最精华段，集巍峨险峻、秀丽苍翠于一体，"玉关天

堑"为明代居庸关八景之一。1653 年修复关城和部分城墙后，辟为游览区。经多次整修，可供游览地段达 3741 米，其中南段 1176 米、北段 2565 米，共有敌台 16 座。1961 年 3 月"万里长城——八达岭"被确定为第一批国家级文物保护单位；1982 年被列为国家重点风景名胜区；1986 年被评为全国十大风景名胜之首；1987 年被联合国教科文组织列入《世界文化遗产名录》；1992 年被评为"北京旅游世界之最"中的第一名；1995 年八达岭长城被我国关心下一代工作委员会命名为"全国爱国主义教育基地"。2000～2009 年，共有 500 余名世界各国的国家元首、政府首脑或执政党领袖登上过八达岭长城。2007 年 5 月 8 日，八达岭长城经国家旅游局正式批准为国家 5A 级旅游景区。

八达岭自古便是重要的军事战略要地，春秋战国时期为防御北方民族的侵扰，在此修筑了长城，其走向与明长城大体一致。八达岭是峰峦叠嶂的军都山风吹草动的一个山口，明代《长安夜话》说："路从此分，四通八达，故名八达岭，是关山最高者。"可见八达岭的地理战略地位。八达岭长城是我国古代伟大的防御工程万里长城的一部分，建于明代弘治十八年（1505 年），对八达岭长城进行了长达八十余年的修建，并将抗倭名将戚继光调来北方，指挥长城防务。经过八十余年的修建，八达岭长城成为城关相连、墩堡相望、重城护卫、烽火报警的严密防御体系。

历史上八达岭长城是护卫居庸关的门户，从八达岭长城至今天的南口，中间是一条 40 里长的峡谷，峡谷中建有关城"居庸关"，这条峡谷因此得名"关沟"，而真正扼住关口的是八达岭长城，八达岭高踞关沟北端最高处，这里两峰夹峙，一道中开，居高临下，形势极为险要。古人有"自八达岭下视居庸关，如建领，如窥井"、

"居庸之险，不在关城，而在八达岭"之说。可见当时居庸关只是一个关城，真正的长城是修建在八达岭的。八达岭山口的特殊地形，成为历代兵家必争之地，因此，在这里修筑长城具有极重要的战略意义。

八达岭是历史上许多重大事件的见证。第一帝王秦始皇东临碣石后，从八达岭取道大同，再驾返咸阳。萧太后巡幸、元太祖入关、元代皇帝每年两次往返北京和上都之间、明代帝王北伐、李自成攻陷北京、清代天子亲征……八达岭都是必经之地。近代史上，慈禧西逃泪洒八达岭、詹天佑在八达岭主持修筑我国自力修建的第一条铁路——京张铁路、孙中山先生登临八达岭长城等，留下了许多历史典故和珍贵的历史回忆，是历史名地。

❖ 慕田峪长城

慕田峪长城位于北京市怀柔区境内。距北京城73千米。是北京著名长城景点之一，明朝万里长城的精华所在。慕田峪长城的构筑有着独特的风格，这里敌楼密集，关隘险要，城两侧均有垛口。慕田峪长城旅游区群山环抱，风景秀丽。春季，群芳争妍，山花烂漫；夏季，满山青翠，流水潺潺；秋季，红叶漫山，果实累累；冬季，白雪皑皑，银装素裹，一派北国风光，在中外享有"万里长城慕田峪独秀"的美誉。慕田峪长城1987年被评为新北京十六景之一，1992年被评为北京旅游世界之最。2002年被评为4A级风景区。

慕田峪原是一个小山村，坐落在怀柔县北辛营乡（今渤海镇），这里山峦起伏，林木葱郁，万里长城自东南而西北在崇山峻岭之巅蜿蜒。由于山势缓陡，曲直相间，所以极富立体感。

慕田峪由于地理位置十分重要，慕田峪关自古以来就是捍卫北

慕田峪长城

京的军事要冲，此段长城西接北京昌平县的居庸关，东连北京密云县的古北口，为明代所修筑，为京师北门黄花镇的东段，自古被称为拱卫京师、皇陵的北方屏障的重要关口之一，被称为"危岭雄关"。在此曾发生过多次战事，其中最著名的是明代的几次战争。

我国南北朝时的北齐（公元 550 ~ 577 年），就在慕田峪筑有长城。明朝初年重建，据文献考证，慕田峪长城是明初朱元璋手下大将徐达在北齐长城遗址上督建而成。明永乐二年（公元 1404 年）建"慕田峪关"。隆庆三年（公元 1569 年），谭伦、戚继光镇守京畿时，又在明初长城的基础上加以修葺。现在慕田峪所保留修复的长城，是全国明长城遗迹中保存最好的地段之一。

慕田峪长城的特色

慕田峪长城景区草木茂盛，植被覆盖率现今达 96%，这种大面积植被是任何长城段都不可比的。

慕田峪关台奇特。慕田峪关与居庸关、山海关、嘉峪关等都不一样，正关台是由三座空心敌楼构成，通连并矗，两侧楼较小，中间楼较大，三座敌楼之上有三座望亭，关门不设正中，而是在关台东侧，进出关台也是两侧敌楼设门，这种独特的关台建筑是万里长城所罕见。

慕田峪长城敌楼密集。从慕字一台（大角楼）至慕字四台（正关台）。不到500米，就设敌楼4座；从慕字一台至慕字二十台，长度仅3000米，敌楼、敌台、墙台、铺房就25座，这种百米左右就有一座敌楼的长城段也是不多见的。

慕田峪长城拥有双面垛口。其他段长城，多为长城外侧一面建垛口墙，而慕田峪段长城却两面都为垛口墙，垛口墙即守城将士对敌作战的掩体。两面垛口墙，即意味着两侧同敌作战，可见慕田峪段长城在历史上的重要战略地位。

慕田峪长城内、外支城并存。支城，即在主长城之外根据战事需要顺山势又节外生枝修出的长城。慕田峪的外支城即连接慕字十一台的长城，内支城即"秃尾巴边"。

慕田峪长城富有立体感。慕田峪关，地势最低，海拔仅486米，往东，陡然上升，至大角楼（慕字一台）不到500米，上升117米。往西，从慕字四台（即正关台）至慕字十九台，起伏不大，较为平缓，从慕字二十台至牛角边最高处，只经过近10座敌楼，就从慕田峪关的486米上升了533米，达到1039米。蔚为壮观。

❖ 司马台长城

独具"险、密、奇、巧、全"五大特点的司马台长城，位于北京市密云县东北部的古北口镇境内，距北京120千米，由戚继光督

司马台长城

建，它东起望京楼，西至后川口，全长 5.4 千米，敌楼 35 座，整段长城构思精巧，设计奇特，结构新颖，造型各异，堪称万里长城的精华。司马台长城 1987 年被列入世界遗产名录，属国家级重点文物保护单位，是我国唯一保留明代原貌的古建筑遗址。

　　司马台长城始建于明洪武初年，又经蓟镇总兵戚继光和总督谭伦加固。其山势陡峭，地势险峻，工程浩繁。在山下望司马台长城，只见它背倚蓝天，横亘东西，野云悠悠，极高极险。其山势犹如人的手指并拢，呈双向阶梯状。若从西面登上长城，侧向看去，唯有一峰在上，仿佛只要奋力爬上，便可居高临下。但一旦登上第一个峰顶的敌楼，转身东望，却又有一峰逼面。当登上第二个山头的敌楼，仰头东望，还有更高一峰在上；而低头下望，只见第一个山头上的敌楼全被掩住，真个是"前不见古人，后不见来者。"登上第四个敌楼，眼下开阔起来，远处的村庄冒着温馨的炊烟，显得恬静、悠然。山那边青黄相间的草木一起一伏，几处羊群涌动，平添几许诗情画意，使人联想起"风吹草低见牛羊"的诗句。登上第六个敌楼，楼分上下两层：上层是瞭望台；下层是戍边将士住房，三面有窗，北边是射箭孔。整个楼用大方石块砌成，显得敦实、坚固，气度不凡。造就出这一雄秀奇特无比的长城景观，应归功于这里特殊的燕山地形、重要的地理位置和戚继光等古代将士们的智慧创造。

司马台长城被鸳鸯湖分为东西两段。鸳鸯湖由流淌不息的常年在37℃的温泉和冰冷刺骨的冷泉汇集而成，致使湖水冷暖参半，每至严冬，湖内依然碧波荡漾，雾气升腾。

长城的最高处为"仙女楼"，需登"天梯"而上。天梯高达100米，坡度85度，几近垂直，无胆量的绝难征服。仰头上望，那砖石砌就的台阶仅可容脚，两侧悬崖陡壁，中间这一道台阶细如线，薄如刀，陡如立，不由人望梯兴叹，倒吸一口凉气。爬上仙女楼，景色果然更加壮美秀丽，俯首看脚下的悬崖，刀削斧劈一般，几缕雾岚挂在绝壁处，更显得陡峭惊险。西北边金山岭长城与司马台长城浑然一体，活像一条即将腾飞的苍龙。长城上大小不同、形态各异的敌楼，恰到好处地建立在各个制高点上，威风凛然，冷峻挺拔。整段长城，完美和谐，气势磅礴，处处显示出她的巧妙、奇特、雄伟和壮丽。再看看连绵不断的燕山山脉奔涌而起，叠起无数的奇幻；看看辽阔的华北平原无边无际，一直铺向目不所及的天边，在这博大奇异的景色中，令人不由浮想联翩。

❖ 金山岭长城

世人瞩目的金山岭长城是长城最具有代表性的地段之一，位于

金山岭长城

距市区 140 千米密云县与河北滦平县交界的燕山山脉之中。西起龙峪口，东止望京楼，全线 10.5 千米。沿线设有建筑各异的故搂 67 座，烽火台 2 座，大小关隘 5 处，这里长城上敌楼密集，一般 50 ~ 100 米一座，墙体以巨石为基，高 5 ~ 8 米，并设有拦马墙、垛墙和障墙，形式多样，各具特色。被誉为"万里长城，金山独秀"。

从地质学的角度看，这里属燕山褶皱与内蒙古背斜的过渡带。2 亿年前，这里曾是一片汪洋大海。巨大的地壳升降运动和亿万年的时间刀刻雕琢塑造，成就了百态千姿的奇观异景。它与人工修筑的长城交相辉映，使金山岭显得愈发雄伟壮丽，景色宜人。

据文物专家考证，早在北齐时期，就在这一带修筑长城和设置关塞。至今，遗迹犹在。但那时的长城低矮、单薄，多为土石所筑。真正大规模、高标准修筑长城，还是在明代。1368 年，朱元璋推翻元朝，建立明王朝，立即派大将徐达等人修筑居庸关、古北口、西峰口等处的城关，并派重兵驻守。朱棣称帝后，于 1421 年把明王朝的首都从南京迁到北京，北京的防务更为重要。于是大规模修筑长城，特别是把首都北京北面从居庸关到山海关这段一千多里的长城修得高大坚固。但这时期的长城，均用石块砌修。1522年以后，明王朝国力从强盛转入衰退时期，北方蒙古族鞑靼、朵颜等各部乘机多次向南进犯，给明王朝统治者造成严重威胁。为了加强北方的防务，隆庆元年（1567年），明穆宗朱载垕即位以后，重用政治家高拱和张居正执掌朝政，又特意把著名的抗倭名将谭纶、戚继光从南方调到北方，任命谭纶为蓟、辽、保总督，任命戚继光为蓟镇总兵。

戚继光到任以后，首先巡视塞上长城，他发现，原有长城低矮单薄，不少地方已经倾颓，不能发挥其防御敌军的作用。于是，戚继光请求朝廷同意，在蓟、辽、保总督谭纶的大力支持下，对蓟镇所管辖的1200多里长的原有长城，普遍进行了改建和重建；另一方面，又在全线新修筑了1300多座高大坚固的敌楼作为边防军驻守的堡垒。在戚继光任职的16年间，就圆满完成了这一浩大的军事工程，从而大大提高了长城的防御能力。

戚继光主持修筑长城之后的数十年里，明王朝又不断筹措财力、物力、调兵选将，加以修缮，使之形成城墙高峙，堡垒林立的坚固防线。金山岭长城，就是其中的一段。它气势雄伟，敌楼密集，建造艺术精美，堪称为我国万里长城的精粹。

登上金山岭长城，可以饱览千姿百态的北国风光。那蜿蜒曲折的长城，犹如一条昂首摆尾的巨龙，飞腾在绵延起伏的奇峰峻岭之巅。龙头高扬在东面耸入云端的老虎山顶峰，仿佛再一纵身就能跃上天宫，而龙尾还搭载西面的银带般的潮河岸边。京通铁路和京承公路，就像两条长蛇，从龙身下面爬过。

极目远眺，东面燕山山脉第一峰——雾灵山，隐隐约约耸立在重重青山之间；西面卧虎岭，像一只庞然大虎，威风凛凛的守卫在北京的北大门——古北口，南面波光粼粼的密云水库，宛如一块明镜镶嵌在崇山峻岭之间；北面山涛云海，如催风涌浪滚滚流向天际。再加上蓝天白云的衬托，构成一幅壮丽的北国风景画。

金山岭长城，一年四季变换着不同的景色供游人观赏。春到金山岭，满山遍野一片嫩绿，桃花、杏花、映山红、山丹丹，以及各种不知名的野花，一丛丛，一簇簇，竞相开放，散发出浓郁的芳香；入夏，郁郁葱葱的树木，潺潺的山间溪水，五颜六色的彩霞和雨后天空出现的彩虹，把金山岭长城打扮得绚丽多姿；金秋时节，长城内外，漫山红遍，层林尽染，各种野果挂满枝头；严冬雪后，这里变成了银色的世界。蜿蜒起伏的长城，就像飘落在万山丛中的一条玉带，忽高忽低，忽左忽右，忽隐忽现，那一座座敌楼，在阳光的映照下，就像镶在玉带上的一颗颗珍珠。

金山岭长城按照戚继光提出的"因地形，用险制塞"的原则，随山势起伏而修筑，高下相间，突兀参差，蔚为壮观。凡是山势陡峭的地方，城墙就低一些；凡是山势比较平缓的地方，城墙就高一些。城墙下宽上窄，沉稳坚固。底部用三四层条石奠基，上部用长方形青砖包砌，白灰砌缝，墙内用土、沙、石填方。在内侧城墙的下部，每隔不远就设有券门，券门大多数设在敌楼附近。券门内有石梯或砖梯通过城墙顶部，遇有紧急情况，守城士兵可以从券门直接登上长城或进入敌楼，投入战斗。城墙顶部的马道，根据需要，宽窄不等，平均约为5米，均用双层大方块青砖铺面，可容六七人并行。马道每遇到大小陡坡，便用砖砌成梯行台阶，便于上下通，不至于滑倒。这种马道建筑，在万里长城上是难得一见的。马道每隔二三米远，便设一条砖砌排水道，防止雨水冲刷或侵蚀墙体。排水道靠外侧一端，修一个镭石孔，守城士兵可以从镭石孔施放镭石，打击敌人。城墙顶部靠外侧的一面，用砖砌成高2米的垛墙。垛墙每隔一米多远便设一个垛口。守城士兵可以从垛口射击来犯之敌。垛口上有一个小洞，小洞有两种用途：一是明代从外国引进一种叫佛朗机的武器，佛朗机下面有个轴，把轴插在小洞里，可以转动作扇形射击。二是用来插军旗助威，或以旗作为传递敌情的信号。城墙顶部靠内侧的一面，用砖砌成高 1.7 米的宇墙。宇墙上设有上、中、下三层射击孔，可供士兵以立、跪、卧三种姿势射击来犯之敌。

❖ 山海关长城

山海关长城是举世闻名的万里长城的入海处。现属山海关境内的长城全长 26 千米，主要包括：老龙头长城、南翼长城、关城长城、北翼长城、角山长城、三道关长城及九门口长城等地段。

一、老龙头长城

老龙头长城是长城入海的端头部分，有"中华之魂"的盛誉。位于山海关以南 4 千米处，北连长城，南入渤海，是现在明万里长城东端的起点。老龙头长城由入海石城、靖虏一号敌台、王爱二号敌台、南海口关、澄海楼、宁海楼、宁海城及滨海城墙等部分组成，始建于明万历七年（1579 年），由都督戚继光、行参将吴惟忠监修。清康熙七年（1668 年）重修。

入海石城伸入海水之中。修建初意用于防止女真和蒙古骑兵从浅海滩涂进入关内。这座石城坚固异常，据说为治沉沙，将许多大铁锅反扣海中以为城根。其城北接靖虏一号敌台，构成封锁海面的制高点。靖虏一号敌台平面呈等边梯形，底宽 11.7 米，顶宽 10.7 米，全部由花岗岩条石砌筑。1986 ~ 1987 年重新修造。南海口关是明长城在滨海设置的唯一一座关口，台高 5.4 米，此关距靖虏一号敌台 80 米左右。澄海楼位于南海口关 20 米处，于南海口关废弃之

老 龙 头

后建筑的。初建时为守城箭楼，清以后则失去了战略价值，澄海楼所在的宁海城，周1里，高2丈余，西、北各有一门。城为石基砖墙，内为黄土夯筑，明末曾于此设龙武营，现该城已恢复。滨海城墙甫起靖虏一号敌台，北至王受二号敌台，即所谓老龙头长城，长674米，城墙呈梯形，下宽15～16米，高9.35米，为砖石混筑，下石上砖，白灰膏砌缝，城墙上端有垛墙，女儿墙等防御构筑。王受二号敌台与靖虏一号敌台遥相呼应，形成包抄老龙头海湾地区的钳状封锁口。此台平面呈凸字形，台宽25米、长34米，内侧有女墙防护，台下另建有20余米的墙基，为近体防御工事。

　　原入海的长城损毁严重，只遗留下来花岗岩长城基石，散存于海中岸边。每块基石都凿有燕尾槽，部分槽内尚残存锈痕。20世纪80年代中期，国家和当地有关部门曾整修了老龙头长城的多处遗迹，现在已同山海关关城开辟成旅游区。

二、南翼长城

南翼长城是老龙头长城与关城长城连结的纽带。南翼长城沿线的重点防御设施分四部分：城台、铁门关及围城、南翼城、南水关及护城河。

三、关城长城

关城长城是山海关长城的中部区段，全长 7138 米，其主线即关城东垣长 1378 米；附线即关城西、北、南垣共长 3418 米，东罗城垣长 1519 米，瓮城城垣长 823 米。主线上还建有六座敌楼（镇东楼、临闾楼、牧营楼、新楼、靖边楼、威远堂），两座城台。附线包括关城城垣、东罗城垣、瓮城城墙三部分。

四、北翼长城

北翼长城南起北斗峰，北至角山山麓的旱门 10 号台，全长 3 千米多。

五、角山长城

角山长城主要包括旱门 10 号台、旱门关、角山敌台、月城等。角山长城距古城山海关北约 3 千米，系燕山余脉，是关城北山峦屏障的最高峰，海拔 519 米。其峰为大平顶，平广可坐数百人，有巨石嵯峨，好似龙首戴角，故名。角山景点，主要有角山长城、敌台、角山寺、瑞莲捧日。角山是万里长城从老龙头起，越山海关，向北跨越的第一座山峰，所以人们又称它为"万里长城第一山"。

角山长城建于明洪武初年，从山脚旱门关到大平顶共 1536 延长米。城墙大部分就地取材，毛石砌筑，局部为城砖和长条石砌垒，角山长城的高度和宽度，有明显的随山就势特点。这里长城高度一般为 7～10 米，宽度平均 4～5 米。在山势陡峭之处，也有利用山崖

角山长城

砌筑的，可窄到2.7米宽。这些墙段，外侧十分险峻，难于进攻；内侧又十分低矮，便于登墙作战。角山形势险要，角山长城也险峻异常，这里的长城，或低缓蜿蜒，或直入云天，远望如带倒挂山峦，实为壮观。古诗云：“自古尽道关城险，天险要隘在角山，长城倒挂高峰上，俯瞰关城在眼前。”

角山景区集山、城、寺为一体。大门是仿明代城堡建筑形式设计的，其造型像个“山”字。正额“角山长城”匾是原国务院副总理、我国长城学会会长黄华题写的，背额“碧海雄峰”匾为当代诗人贺敬之的手笔。角山长城是明朝辽东镇和蓟镇两座军事重镇的界线，建有敌台、战台5座，关隘一座。站在角山最高峰大平顶上，极目远眺，令人遥想到当年古战场上鼓齐鸣、刀光剑影的壮阔场面。

六、三道关长城

三道关位于河北省秦皇岛市山海关北。因由长城外向里设关三道而得名。关建于明洪武年间。

第一道关仅存遗址可辨。第二道关为正关，居峪谷之间。两侧山崖陡峭，巨石嵯岈。石砌长城由上而下，似倒挂于高峰之上，十分险峻。第三道关是用块石于沟谷之中横砌的一道障墙，作拦截用，原墙上设有一座石砌拱门，今拱门已成豁口，但墙体尚残存。

七、九门口长城

主要包括五道楼、枣山区段和九门口三部分。坐落在辽宁省绥中县李家乡新台子村境内，距山海关 15 千米，全长 1704 米。其南

九门口长城

端起于危峰绝壁间，与自山海关方向而来的长城相接。自此，长城沿山脊向北一直延伸到当地的九江河南岸，在宽达百米的九江河上，筑起规模巨大的过河城桥，以此继续向北逶迤于群山之间。"城在水

上走，水在城中流。"便是人们对九门口长城的形象描述。

据文献记载，九门口长城始建于北齐（公元479～502年），现存的九门口长城始建于明洪武十四年（1381年），其后又进行多次修复。近年来进行考古发掘，出土了铁炮、石炮、青花瓷碗、大缸等大批文物，反映了明代军事防御情况和军士驻守长城的生活。据当地文物部门研究人员介绍，九门口长城拥有一个严整的军事防御体系，在历史上素有"京东首关"之称，是兵家必争之地。明末李自成就是在这里与吴三桂决战时，遭遇清兵夹击而败北的。九门口长城，因其城桥下有九个泄水城门而得名，水势自西向东直入渤海，气势磅礴、壮观，是自然景观和人文景观的完美结合，因而享有"水上长城"的美誉。

❖ 嘉峪关长城

嘉峪关长城在嘉峪关市西南隅，因建于嘉峪山麓而得名，是明朝万里长城西端的终点，建于1372年。它是明代长城最西端的起点，是目前保存最完整的一座城关，也是河西第一隘口，有天下第一雄关的美名，也是丝绸之路上的重要一站。城关则是由内城、外城和城壕组成的完整军事防御体系。现在看到的城关以内城为主，由黄土夯筑而成，外面包以城砖，坚固雄伟。城关两端的城墙横穿戈壁，在这里可以体会到大漠孤城的苍凉。现属山海关境内的长城全长26千米，关城平面呈梯形，面积33500余平方米，城墙总长733米，高11.7米。城楼东、西对称，面阔三间，周围有廊，三层歇山顶高17米，气势雄伟。关城四隅有角楼，高两层，形如碉堡。登关楼远望，寨外风光尽收眼底。

嘉峪关长城

❖ 虎 山 长 城

位于辽宁丹东市城东 15 千米的鸭绿江畔。虎山景区虎山面积四平方千米,主峰高 146.3 米。峰顶是万里长城的第一个烽火台。站在烽火台上环顾四周,朝鲜的义州城、我国的马市沙洲和连接丹东与新义州的鸭绿江大桥清晰可见。

❖ 大 同 长 城

明代大同为九边重镇之一,战略地位十分重要。大同明长城主要建于嘉靖年间,由宣大总督翁万达创修。大同镇长城东起天镇县东北镇口台,西至丫角山(今内蒙古清水河子上村东山),全长 335 千米。据《三云筹俎考·大同总镇图说》统计,大同镇先后修大边、二边 516.3 里;内五堡、外五堡、塞外五堡、云冈六堡等主要城堡

卧虎山长城

72 座（城 20，堡 52）；边城 776 个；火路墩 833 个。

　　明长城自居庸关以西，分南北两线到山西偏关会合，被称为内、外长城。外长城即居庸关西北经赤城、崇礼、张家口、万全、怀安而进入大同市的天镇、阳高、大同、左云沿内蒙古、山西交界处，达于偏关、河曲；内长城从居庸关西南经河北易县、浑源、阜平而进入大同市的灵丘、浑源，再经应县、繁峙、神池而至老营。据现存长城实测，外长城分别由怀安县桃沟村、西洋河乡马市口南北两路进入天镇县境，在新平乐村与西路长城相交。天镇境内长城约105 华里，存黄土夯筑的墩台 61 座。由天镇水磨口向西 3 里进入阳高县十九墩村界，至镇边堡西出阳高进入大同市区境。阳高境内长城计 100 余里，现存夯土处台 119 座。从阳高镇边堡向西约八华里进入大同元墩村界，经镇川口、宏赐堡、镇羌堡，经拒墙口、拒门口、助马口至十三边，转南至砖楼沟入左云县界。另一条由宏赐堡向西经新荣、破鲁至吴施窑入左云界，这道长城当地人称"二道边"。南北两道长城共210华里。长城由大同砖楼向南进入左云县保安堡地界，至二十边向西北出左云进入右玉县界。长城在左云境内长约86华里。以上这段长城在大同市境内约长501华里。大同市、浑源、灵丘县境内的明长城周内长城。浑源境内计160华里，灵丘境内长约190华里。明内、外长城在大同境内总长为800多华里。为山西省重点文物保护单位。

第四章

有关长城的传说

❖ 孟姜女哭长城

古时候，孟老汉和姜老汉互为邻居，仅一墙之隔。

一年春天，孟老汉在自己的院中种了一颗葫芦籽。经过浇水、施肥的精心培育，葫芦秧长得肥壮、高大，从墙头爬过去，到姜老汉的院里结了个很大的葫芦，有几十斤重。葫芦熟后，姜老汉拿刀把它切开，突然见里边躺着个非常可爱、又白又胖的女娃娃，姜老汉喜出望外，奔走相告。村里人听说后，纷纷前来观看这新鲜事，可是孟、姜两老汉却因此产生了矛盾，吵得不可开交。孟老汉非常坚定地说："这葫芦是我亲自种下的，胖女孩该归我。"姜老汉却固执地说："这葫芦结在我的院子里，这女娃该是我的。"吵了三天三夜，难解难分，毫无结果。后经村里人调解为：女娃娃属于两家共同的，轮流居住，共同抚养，并取了个"孟姜女"的名字。

光阴似箭，日月如梭，转眼间十多年过去了，孟、姜两家老人为现已长大成人的孟姜女选了个女婿叫范杞梁。选定良辰吉日后就准备成亲。哪知天有不测风云，成亲之日，新郎、新娘正要拜堂，突然从门外闯进几个衙役，一拥而上把新郎范杞梁当民夫抓走了。

原来，当时由于秦始皇在全国各地抽调大批民夫修筑长城，日日夜夜拼命干活，民夫们被累死、饿死的不计其数。为了加快工程速度，他们又到处抓民夫补充。范杞梁就这样被发配去充当修长城的民夫了。转眼一年过去了，范杞梁杳无音信，孟姜女急得饭也吃不下，觉也睡不着，不知如何是好。她跟两家老人商量后，决定去找丈夫，发誓找不到丈夫绝不回家。她带上干粮和给丈夫特制的御寒衣服上路了。

一路上，孟姜女风吹雨淋、日晒风寒、饥寒交迫、步履维艰，经过千难万险的万里跋涉，终于找到了修长城的地方。她赶忙打听才知道，为修长城已经死了许多人，丈夫范杞梁早就累死了，并被埋在长城下，尸骨都找不到了。这一消息如同晴天霹雳，孟姜女顿时就伤心地痛哭起来，泪如泉，声如雷，哭得惊天动地，天昏地暗，眼看着长城一段段的倒塌，哭到哪里塌到哪里，足有八百里长。这下可急坏了工程总管，急忙去报告正来此巡查工程进展的秦始皇。秦始皇赶忙召见孟姜女询问根由。哪知秦始王一见到孟姜女之后，便被她的美貌迷住了，非要封她为"正宫娘娘"。孟姜女虽然怒火满腔，但还是压住心头仇恨，灵机一动，将计就计地要秦始皇答应她三个条件，才能当"正宫娘娘"。这三个条件是：一要找到丈夫范杞梁的尸体；二要为其丈夫举行国葬；三要秦始皇为范杞梁披麻戴孝、打幡送葬。秦始皇听罢孟姜女提的三个条件，思索了片刻，为了得到美貌的孟姜女，便硬着头皮答应下来。孟姜女戴着孝拜了为筑城而死的范杞梁坟墓后，夙愿已偿，面对滚滚的渤海，纵身一跃，投海自尽了。

❖ 望京楼的传说

当年戚继光任蓟镇总兵官，在谭纶的支持下，亲自规划和督造

了金山岭长城（位于河北省滦平县境内）。

此段长城的结构独特，城墙是用巨大的条石为基础，以砖包砌而成。金山岭长城东端高入云端的老虎山上，有一座望京楼，坐落在 1000 米高的山顶上，楼的两侧是悬崖峭壁，人只能从石缝中攀登而上。

据说当年修筑时，为了运条石死伤了许多人，但条石仍运不上去。此事感动了玉皇大帝，立即派他的外甥二郎神去运石。当晚，二郎神来到老虎山下，见到成堆的条石堆放在那里，随即将他的神刀一晃，立刻变成赶山鞭。他手挥赶山鞭向条石上抽打，同时喊声"变"，那一块块条石，马上变成一只只大山羊，直奔山顶。到山顶后他数了数，不多也不少，正好够用。恰逢此时，一个士兵出帐小解，忽见二郎神赶羊，惊叫一声往回跑。二郎神听到有人喊叫，也吃了一惊，将几十块条石踢下山去，落在东面的山坳里。二郎神随即腾身上天。

就这样，修望京楼的条石，就缺了几十块。现在登上望京楼时，会看到楼底十二层奠基条石中有五层是碎石块垒砌的。而那些被二郎神踢下山去的条石，仍然堆放在山坳里，当地人称此山坳为条石坳。

❖ 老龙头的传说

相传，过去在老龙头脚下，一个挨着一个，扣着无数的大铁锅。

老龙头是蓟镇总兵戚继光奉旨修筑的。因为它入海有 7 丈，所以造起来实在太难了。虽然有 15000 多名军工造墙，但只有等海水落潮，才能抢上去修一回。可是大海总是无情的，三天涨一次潮，五天才落一次潮，城墙还没有修到八尺高，被潮水一冲，砖头石块又都七零八落了。长城就这样修一次，垮一回，不知修了多少天，最后弄得无数生命葬身海底，戚大人也一筹莫展了。

再加上明王朝的时候忠良很少，奸臣又多，万历皇上还是个十足的昏君。奸党议论胡说戚继光修三十二关，设了 3000 敌台，铸 5000 斤一尊的铁炮，是劳民伤财。皇上听信奸党谗言，派太监做钦差到蓟镇监军。这位太监公公来到蓟州，才知道戚继光在山海关南海上正修"老龙头"，立刻马不停蹄，直奔山海关。

哪知全城的乡绅耆老拜见钦差大人说："敌兵经常从海上越境侵扰，老龙头千万不能半途而废啊。"钦差大人却说："圣旨期限只有三天，皇上的金口玉言，谁也改不了啊。"

戚继光听了以后怒气难消，知道限期三天是假，想借口定罪是真。他个人如何都无所谓，可是这 1300 座敌台，就差老龙头一桩心事未了。想想国家安危，百姓的生命财产……戚大人心中闷闷不乐。这时，忽然门帘一挑，一个老汉进了屋。原来这打鱼老汉是跟随戚大人的一名伙头军。戚继光只见老汉把秫米饭、咸带鱼摆上八仙桌，说了声："大人不必烦恼，待用完饭后，我再回禀，或许对修老龙头有用处。"

第二天，戚大人按照打鱼老汉的意思传令全军，在退了潮的大海滩上搭锅煮饭。不一会儿，只见这七里海滩，炊烟四起，火光一片。但是就一顿饭的工夫，忽然有 1 丈高的巨浪，铺天覆地涌上岸来，众军士一看，马上丢锅弃碗，早逃得无影无踪了。

过了三天三夜，大潮过去了，海上又恢复了平静。戚大人察看城基，竟依然立在原地，心中甚觉奇怪。这时，老汉走过来，指着周围沙滩上一个挨一个的圆东西，让戚大人看，原来是铁锅扣在沙滩上。老汉说："这锅扣在沙滩上，任凭风吹浪打，不移不动！"戚大人马上明白了老汉的用意，于是下令接着修长城。

老龙头工程按期完成了，但戚继光仍被朝廷明升暗降，调往广东去了。

❖ "玉门关"的传说

古时候，在甘肃小方城西面，有个驿站叫"马迷兔"，又叫"马迷途"。商队从边陲于田运玉到中原都要经过此地。这里的地形十分复杂：沼泽遍布、沟壑纵横、森林蔽日、杂草丛生。每当运玉石的商队赶上酷热天气上路时，为避免白天人、畜中暑，总是喜欢晚上凉凉快快赶路。因此，每当马队走到这里，总是一片黑暗，辨不清方向，就连经常往返于此路的老马也会晕头转向，难以识途，"马迷途"的名字就是这样叫起来的。

有一支专贩玉石和丝绸的商队，常年奔波于这条路上，也常常在"马迷途"迷失方向。有一次商队刚进入"马迷途"就迷路了。人们正在焦急万分之际，忽然不远处落下一只孤雁。商队中一个小伙子悄悄地把大雁抓住，心地善良的他，把它抱在怀里，准备带出"马迷途"后再放掉。不一会儿，只见大雁流着眼泪对小伙子咕噜咕噜地叫着说："咕噜咕噜，给我食咕噜咕噜，能出迷途。"小伙子听后恍然大悟，知道大雁是因为饿得飞不动才掉队的，便立即拿出自己的干粮和水让大雁吃个饱。大雁吃饱以后，呼地飞上天空，不断盘旋，领着商队走出了"马迷途"，顺利地到达了目的地——小方盘城。

过了一段时间，这支商队又在"马迷途"迷失了方向，那只大雁又飞来在空中叫着："咕噜咕噜，商队迷路。咕噜咕噜，方盘镶玉。"边叫边飞，又引着商队走出了迷途。只有那只救大雁的小伙子

听懂了大雁的话语，并转告领队的老板说："大雁叫我们在小方盘城上镶上一块夜光墨绿玉的玉石，以后商队有了目标，就再也不会迷路了。"老板听后，心里一盘算，一块夜光墨绿玉要值几千两银子，实在舍不得，就没有答应。

没想到下一次商队又在"马迷途"迷了路，数天找不到水源，骆驼干渴得喘着粗气，人人嘴干舌燥，口渴得寸步难行，生命危在旦夕。正在此时，那只大雁又飞来了，并在上空叫道："商队迷路，方盘镶玉，不舍墨玉绝不引路。"小伙子听罢急忙转告给老板，老板慌了手脚，忙问小伙子到底应该怎么办才好，小伙子说："你赶快跪下向大雁起誓：'一定镶玉，绝不食言。'"老板马上照小伙子说的，跪着向大雁起誓，大雁听后，在空中旋转片刻，把商队又一次引出了"马迷途"，商队得救了。到达小方盘城后，老板再也不敢爱财了，立刻挑了一块最大最好的夜光墨绿玉，镶在关楼的顶端，每当夜幕降临之际，这块玉便发出耀眼的光芒，方圆数十里之外看得清清楚楚，过往商队有了目标，再也不迷路了。从此，小方盘城就改名"玉门关"。其实玉门关是汉武帝时所建，因这里是古代我国通往西域的重要交通要道，从西域输入和阗玉石就从此入关，故名。

❖ 定城砖的传说

定城砖指放置在嘉峪关西瓮城门楼后檐台上的一块砖。相传明正德年间，有一位名叫易开占的修关工匠，精通九九算法，所有建筑，只要经他计算，用工用料十分准确和节省。监督修关的监事管不信，要他计算嘉峪关用砖数量，易开占经过详细计算后说："需要99999块砖。"监事管依言发砖，并说："如果多出一块或少一块，都要砍掉你的头，罚众工匠劳役3年。"竣工后，只剩下一块砖，放置在西瓮城门楼后檐台上。监事管发觉后大喜，正想借此克扣易开占和众工匠的工钱，哪知易开占不慌不忙地说："那块砖是神仙所放，是定城砖，如果搬动，城楼便会塌掉。"监事管一听，不敢再追究。从此，这块砖就一直放在原地，谁也不敢搬动。现在，此砖仍保留在嘉峪关城楼之上。

❖ 冰 道 运 石

当初，修建嘉峪关城时，需要成千上万块长2米、宽0.5米、厚0.3米的石条，工匠们在黑山将石条凿好后，却人抬不起，车拉不动，且山高路远，无法运输。大伙儿边凿石条边发愁，眼看隆冬季节就要到了，石条还没有从山里运出一块，若要耽误工期，没有工钱是小，这脑袋可就难保了。大家正在长吁短叹，这时，忽然山顶一声闷雷，从白云中飘下一幅锦绸，众工匠赶紧接住，只见上面若隐若现有几行字，大家看后恍然大悟，按其行事。等到冬季到来后，众人从山上往关城修一条路，在路面上泼水，让其结成一条冰道，然后把石条放在冰道上滑行运输，结果非常顺利地把石条运到了嘉峪关城下，不但没有延误工期，反而节省了不少工期。众工匠为了感谢上苍的护佑，在关城附近修建庙宇，供奉神位，并成为工匠出师后必须参拜的地方。

❖ 山 羊 驮 砖

嘉峪关长城，城墙高9米，还要在城墙之上修建数十座大小不同的楼阁和众多的垛墙，用砖数量之大是非常惊人的，当时，施工条件很差，没有吊运设备，全靠人工搬运。而当时修关城所用的砖，都是在40里以外的地方烧制而成。砖烧好后，用牛车拉到关城之

下，再用人工往上背。由于城高，唯一能上下的马道坡度大，上下很困难，尽管派了许多人往城墙上背砖，个个累得要死，但背上去的砖却仍然供不应求，工程进展受到了严重影响。

一天，一个放羊的孩子来到这里放羊玩耍，看到这个情景，灵机一动，解下腰带，两头各捆上一块砖，搭在山羊身上，然后，用手拍一下羊背，身子轻巧的山羊，驮着砖一溜小跑就爬上了城墙。人们看了又惊又喜，纷纷仿效，大量的砖头很快就运上了城墙。

❖ 击 石 燕 鸣

相传，古时有一对燕子把它们的巢筑在嘉峪关柔远门里面。

一天早上，两只燕子像往常一样飞出关去觅食。太阳快要落山的时候，雌燕先飞回来了，等到雄燕飞回来时，门已经关了，任何人都不能入关，于是雄燕便悲鸣触墙而死。雌燕看到雄燕死了就悲痛欲绝，不时发出"啾啾"的燕鸣声，一直悲鸣到死。雌燕死后的灵魂一直不散，绕着关门飞来飞去，每当听到有人用石头击墙的声音时，就发出"啾啾"燕鸣声，向人倾诉。

古时候，人们把在嘉峪关内能听到燕鸣声视为吉祥之声，将军出关征战时，夫人就击墙祈祝，后来发展到将士出关前，带着眷属子女，一起到墙角击墙祈祝，以至于形成一种风俗。

❖ 万年灰与燕京城

人们都说，是秦始皇最早修的万里长城。其实开始的长城并不是他修的。早在秦始皇之前的春秋战国时，有个燕王，他的国土小、兵马少、力量弱，随时都有被邻国吃掉的危险。为了保住国土，燕王就征用了民夫，在他的国土边界山顶上筑起高高的城墙，以防外

敌入侵。

因为那时还没有石灰，他筑的城墙，石、砖都是用泥抹的。为了抢时间，早日修好城墙，他下令冬天也不停工。天冷，和泥得用热水，因此，民夫们就把大铁锅抬到工地上，用三块石头支起来，添柴烧开水。天长日久，铁锅被烧了个大窟窿，满锅的水全漏光了，把锅下的火浇灭了。可民夫们也意外地发现，水洒在支锅的石头上，热石头遇到水就炸开了，炸出许多白面面，民夫们瞅着、想着，好生奇怪。有个人把这白面面用水和和，觉得比泥还滋润，还有黏性，就把它抹在石条和砖缝里。

第二天，民夫们发现，用这白面面抹的石条和砖缝，要比用泥抹的结实的多。燕国人得到了启发，从此，就烧石灰来抹城墙缝。

后来，秦始皇统一了我国，为了保住他的江山，也仿照燕王的办法兴工修起了万里长城。动工时，他下了一道旨令，让原来的燕国人包揽烧石灰的活儿。因此，那时修长城所用的石灰，全是燕国人烧的。长城修到哪儿，就在哪里的山坡上烧灰，而且烧的灰质量非常好，被后人称为万年灰，意思是万年不变质。

长城修完后，别的民夫各回各地。因燕国人烧灰有功，秦始皇又拨下金银，建了个城镇，专为燕园人居住，这城镇就是现在的北京。因此，那时北京叫燕京，燕国人烧灰用过石头的山统称为燕山山脉。

❖ 木兰箭的传说

在甘肃嘉峪关西约20千米，有个叫"双井子城"的地方，有一个美丽的传说——"木兰箭"。

相传很久以前，那里有一片水草肥美的牧场，有个叫小尕梅的

小姑娘天天在此放羊。有一天下午，夕阳西下，彩霞满天。小尕梅正准备赶羊回家时，忽然见到一支碗口粗、锹把长的木箭斜插在地上，这支朱漆箭在落日的照耀下，闪闪发光。小尕梅又惊又喜，准备把箭拨出来，可是费尽了全身力气也没动箭的丝毫。小尕梅见天色已晚，只得罢休，并在箭的周围垒上许多石块作为记号，准备第二天上午与伙伴们一起来拨这支箭。

第二天清晨，小尕梅带来小伙伴找这支箭时，不仅没找到木箭，就连那些做记号的石块也不见了。小尕梅便暗下决心非找到那支神奇的木箭不可。从此，小尕梅除了放羊外，始终没忘记找箭。

有一天她赶羊群来到一条小溪边，见到一位白发苍苍的老爷爷正在那里用褡裢背土筑墙。小尕梅上前问明原由，原来老爷爷在筑城保护一支神箭，并对她述说这支神箭的来历：很久以前，有位叫花木兰的女英雄镇守边关，她武艺高强，并射得一手好箭，箭壶里有3支红漆羽箭，人们称它为"木兰箭"。

有一年，北方匈奴贵族发动战争，声言要与花木兰决一死战。木兰将军不慌不忙的应道："你只要退我一箭之地，我就与你决战。"敌将心想这一箭之地无非二三十丈远罢了，有何妨，便一口答应。话音没落，只见木兰将军取出一箭，搭于弓上，就听"嗖"的一声，这一箭竟射到了嘉峪关。敌将见状，立刻掉转马头，慌忙逃跑。当地人流传着这样一道歌谣："花木兰脚蹬黄河沿，一箭射到嘉峪关，要看找不见，不找在眼前。"老爷爷接着说道："我想把这支神箭设法保存起来，留给后人观瞻，所以在这里背土筑城。"小尕梅听后，惊喜不已，立刻与小伙伴们一起帮助老爷爷背土筑土城，取名为"木兰城"。就在刚筑好城的那天，那支神奇的木兰箭突然插在了土城中央。于是小尕梅帮老爷爷在木兰箭旁边打了一眼水井，供附近居民饮用。若干年以后，有人企图抢夺这支神箭，并放火来烧木兰城，激怒了天神，立刻降下倾盆大雨把火浇灭。神箭又不知飞到什么地方去了。在插箭的地方又闪出一眼新井，与原来的那眼井并列在土城中央，于是，这座古城被人们称为"双井子城"。

❖ "五桂头" 的传说

在北京八达岭长城附近的青龙桥南、居庸关以北，有一处地方叫"五桂头"，这个地方极为险要，可谓"一夫当关，万夫莫开"，是关沟七十二景之一。那里原先叫"乱北极沟"，传说燕王朱棣扫北，带领几十万大兵，一路所向披靡，可是过了居庸关，便被阻止在"乱柴沟"这道关口上，明军付出了很大代价，攻了数十天也没攻破，燕王十分恼火。正在无计可施的时候，有人建议说："附近有火家的仁、义、礼、智、信五兄弟曾在元朝当过小头目，独得一手施放火炮的绝技，可请来助战。"很快，燕王便重礼聘请这火氏五兄弟出山，为其效力。几天后，火氏兄弟运来大炮、火药，来到阵前，看好地形，对准目标就开始了。这火氏五兄弟不愧是神炮手，颗颗炮弹飞向元军阵地，弹无虚发，只一阵工夫，那坚如铁壁的防线被大炮一一摧毁，元兵蒙将死伤惨重，剩下的弃关而逃。燕王率军乘胜追击，顺利地占领了"乱柴沟"关口。火氏五兄弟立了战功，却只是换来了短暂的荣华。后来燕王做了皇帝便一反常态，对火家五兄弟放心不下，认为他们实在不可靠，万一变心、造反，把大炮对准我燕王，我打下的天下岂不被他们夺走。所以，决定根除他们，便诬陷他们是"奸细"，要谋反等莫须有的罪名，将他们拘捕并全部斩首，还把五颗人头挂在乱柴沟示众。

这一举动引起了百姓的愤愤不平，指责燕王无法无道，忘恩负义。这怨恨之声很快传到燕王耳中，燕王深怕百姓造反，为笼络民心，于是又把火氏五兄弟封为"五鬼财神"，并在关沟石佛寺偏西的地方立了"五鬼财神庙"，以享世代香火。"五鬼头"由此得名，后人觉得"鬼"字不吉利，便改成了"五桂头"。现在，在京张旧铁路山洞洞口的岩壁上，仍可看到刻着的"五桂头"三个大字。

❖ "晾经石"的传说

在甘肃嘉峪关附近，有一块洁白的晾经石，传说是玄奘晾经的地方。

据说唐朝玄奘与悟空、八戒、沙僧师徒四人，历尽千辛万苦，长途跋涉，从印度取经回来，闯过火焰山，涉过疏勒河，来到河西走廊。这天，天气特别炎热，烈日当头，如焚似火，一望无际的戈壁滩更是热得无处藏身，石块被烤得滚烫滚烫，好像天上下火一般，玄奘骑马在前，三个徒弟背着经卷紧跟后面，没走几步就个个被烈日烤得汗流浃背，唇干舌燥，面红耳赤。猪八戒实在忍受不了，便苦苦哀求师父道："这天要热死人，还是找个树荫歇息一下再赶路吧。"玄奘听后立即呵斥道："这一片戈壁荒原千里，连棵草都不长，哪里来的树，还是赶快赶路要紧！"八戒无奈，只得撅着大嘴，气喘吁吁地向前赶路，一边走一边向天上看去，只见天上蓝蓝的，一丝云彩也没有，顺便说了一句："这会儿要是下一场雨该多痛快呀。"

不料，话音刚落，立即乌云密布，电闪雷鸣，瓢泼大雨倾盆而下，师徒四人被淋成了落汤鸡，经卷也全被淋湿透了。天晴后，玄奘急忙命悟空前去探路，找个好地方好把经卷摊开晾晒一下。悟空一个跟头翻上云端，发现不远处有一座黑油油的黑石山，一打听得知此山叫洞庭山。悟空赶紧带师傅来到山上，玄奘一看十分满意，

并指着一块黑油油的大石头说:"这块石头正是晾经的好地方,你们赶快打开经卷摊开晾晒,八戒看守经卷,不得有误。"很快,经卷晾晒干了,师徒四人急忙收拾经卷,准备赶路。不料有几张紧紧粘在石头之上,怎么揭也揭不下来。没办法,只好抄录在别的纸上。

不久,这块晾晒过经卷的黑石突然变成白色。以后,人们便把这块洁白如玉的石头称为"晾经石"。从此,这个民间传说就流传开了。

❖ 飞龙的传说

明初,朱元璋为巩固西北一带防线,派征虏大将军冯胜到河西走廊一带驻防,并准备在那里选址建关,以防止塞外蒙古瓦剌族的入侵。冯胜到处视察,寻找关址,最后决定在龟盖山上修造一座雄关。他很快请来了能工巧匠,在山上放了线、钉了木桩,准备第二天破土动工。谁知第二天一早,冯胜来到工地一看,发现地上的线和桩均已不见,他一边派人四处寻找,一边叫来昨夜值班兵士询问。值班兵士禀报说:"昨夜我值班时,不曾合过眼,到四更时分,骤然狂风四起,刮得天昏地暗,风停后,再看地面上的线和桩均已不见了。"正在此时,到别处寻找线、桩的士兵气喘吁吁的跑来报告:"丢失的线、桩已在峡谷北面的嘉峪山坡上找到了。"冯胜将信将疑地跑到那里一看,桩和线整整齐齐地钉在山坡上,真是惊讶不已,静下心来再仔细观看这里的地形:只见南面祁连山白雪皑皑;北面马鬃山连绵不断;西面是广阔戈壁滩;东面绿洲片片,还有淙淙流淌的股股泉水。脚下,山势平坦,方圆还有五十亩地大。若在这里建关,依山傍水,居高临下,进可攻,退可守,固若金汤。进而细想,当初选址在龟盖山,那里是讨赖河下游,夏季由于祁连山积雪的大量融化，洪水冲关而过，会致使全军覆没。越想越感到庆幸，"真是天助于我而改关址也。"冯胜立即上奏皇帝，随后，大兴土木，修筑了一座长220丈的嘉峪关城。

据传说，关城改址完全出于关云长显灵指点。老百姓为纪念他，便在关城内修了座"关帝庙"。庙由大殿、陪殿、过庭、牌楼等构成，面积约720平方米，建造得十分富丽堂皇。许多人为表虔诚，还自愿集资捐款，用重金买了一颗宝珠，嵌在大殿顶部。从此后，宝珠日日夜夜放射出夺目耀眼的光芒。

一天傍晚，突然天空黑暗、黑云压顶、电闪雷鸣，全城百姓惊恐万分，纷纷跑出家门观看，猛听见一声震耳欲聋的巨响，突见两条巨龙在空中飞舞，一直飞入关帝庙，再也不见出来。第二天，雨过天晴，人们纷纷来到关帝庙一看，在大殿顶部安放宝珠的两旁，各有一条巨龙，栩栩如生，正好构成一幅"二龙戏珠图"。这个神话传说一直流传至今。

❖ 狼窝的传说

长城的关门向西约1.5千米处，有个叫"狼窝"的地方。提起"狼窝"这名字，还有一段有趣的传说。

很久以前，北京城西一带严重缺水，树难生草难长，秃山荒地，十年九不收，老百姓祖祖辈辈过着极其贫困的生活。玉皇大帝得知这情况后，便派了一头仙猪下凡，去开河引水，解救百姓的苦难。

这头仙猪个儿大得出奇，像座山，身长三十三丈三，脑袋三丈三尺三，就连猪牙也足有三尺三寸三长。仙猪奉命下凡后就开始干活，只见它左一拱，山崩了；右一拱，地裂了，脚下立刻出现了又宽又深的河，翻滚的大水顺沟往前涌。仙猪不停地向前拱着拱着，眼看快到居庸关了，万里长城像条巨龙横卧于前面的高山上，仙猪停下左右一看都是山，到底该向哪里拱呢？正在犯难时，从远处走来一位老汉，仙猪急忙向老汉打听："老大爷，前边是什么地方？"老汉见到仙猪身后的河水，心里立刻明白了。这猪正在拱土开道，如果让它再往前拱，那万里长城不就叫它拱毁了，再说过了居庸关，顺着关沟往东下去，就是一马平川，直逼北京城了，大水要是下了山，不仅要冲垮平原上万顷良田，而且连北京城也保不住，被大水所淹。得想个计策，阻止这头猪向前拱。老汉眉头一皱，计上心来，便对仙猪说："前面是'狼窝'，有大狼333个，专门吃猪头和猪肉，还有小狼333个，专吃猪下水和心、肝、肺。这几天，这群狼正嗷嗷乱叫，三五里地远都听得见，你要是往前走，可千万要小心点才行。"仙猪听完老汉的话，吓得心惊胆战，心想，真是万幸，碰到了这位老汉，不然真要拱到狼窝，恐怕连命都保不住了。所以干脆改道而行吧，便一头朝南面拱去了。

它拱台的那条河，就是北京西30多里远的"永定河"。老汉见仙猪走远，这才松了一口气，高兴地哈哈大笑起来。由于老汉的几句话才保住了长城，没有被毁，北京城也没被水淹。后来人们就把老汉和仙猪碰面的地方起名叫"狼窝"了。

❖ "左公柳"的传说

在嘉峪关城闸门附近，有一棵两人合抱不拢的大古柳，根深叶茂，浓阴遮地，被人们称为"左公柳"。关于这棵古柳树还有着一段传说。

据传，清朝同治年间，左宗棠奉命率军前去平息动乱后，来到嘉峪关。当他看到戈壁滩上一片荒凉景象，除了稀稀疏疏的骆驼草外，就什么也见不到了，他感慨万分。由于左宗棠所率领的多是湖湘子弟，被迫远离山清水秀的家乡，来到这茫茫的不毛之地，便纷纷开了小差。左宗棠见此情况，为了稳定军心，立即采取了一系列措施：命令全体将士加宽道路，并决定在路旁大量植树，制定出严格的法令，以其保证树木的成活。若干年后，这一带已经杨柳成荫，树木成行了。后来有个文人曾在一棵柳树上刻下一首诗："大将筹边未肯还，湖湘子弟满天山，新栽杨柳三千里，引得春风度玉关。"

人们传说嘉峪关城附近的这棵古柳就是那时所栽，因此，被称为"左公柳"。

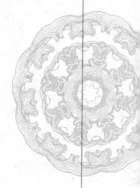

第五章

长城抗战

日本帝国主义侵略我国的野心由来已久，早在1868年明治维新以后，日本就走上了军国主义道路，把灭亡我国、统治亚洲、争霸世界作为国策。1894年7月25日，日军偷袭清朝海军，接着进攻驻朝鲜的清朝陆军部队，8月1日，清朝政府被迫对日宣战，这就是甲午中日战争。日本占领朝鲜和辽东半岛的大片领土，又在1895年强迫清政府签订了丧权辱国的《马关条约》。

1900年，日本帝国主义与其他列强一起组成八国联军侵略我国，1901年9月7日，强迫清政府签订了《辛丑条约》，在不平等条约的束缚下，山海关完全失去了防御能力。1902年，日本开始在北平（今北京）、天津至山海关一带驻军。

辛亥革命以后，在外国的支持下，我国开始了军阀混战，在1922年、1924年。日本支持的奉系军阀和英国、美国支持的直系军阀在山海关大战。

1927年6月，日本首相田中义一召开"东方会议"，把"灭亡我国"的国策提到了具体实施的日程上。1931年9月18日，日本帝国主义不宣而战，发动"九·一八"事变。1932年2月，日军占领了哈尔滨，仅4个月的时间就占领了东北全境。日本占领东北后继

续向华北进犯是必然的。要占领华北，就必须攻破自古就修建在我国北方战略要低上的防线——万里长城。

长城抗战

❖ 长城抗战第一枪——榆关抗战

"榆关事变"是日本帝国主义继"九·一八"事变之后，为实现其野心勃勃的"大陆政策"，进而侵占我华北地区的前奏，也是我国军队在长城线上抗击日寇入侵打响的第一枪，是中华民族反抗日本侵略的英勇悲壮的一战。

榆关即山海关。山海关地处华北与东北的交通要冲，南临渤海，北依燕山，长城阻塞，雄关紧扼隘口。这一战略要塞，自古为兵家必争之地。"九·一八"事变后，日本帝国主义者把山海关看成是控

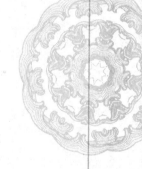

山海关抗战

制满蒙的支点，是"稳定"满洲进而长驱直入我国内地的新起点。

　　自 1900 年八国联军入侵之后，山海关、秦皇岛等地就允许帝国主义屯兵驻扎。所谓"榆关天险"，在不平等条约的束缚下，早已门户洞开，尤其日军的营盘南距山海关城不过 2 千米，南门外火车站驻有日本守备队，东门外不远就是日本关东军驻地。南门、东门都在日军监视下，我方只能出入北门和西门。关城东北 1 千米的威远城至吴家岭一线，都掌握在日本关东军手中。这一线地势高于山海关附近的长城，居高临下，足可以控制全城。

　　榆关事变的爆发，是日本军国主义对我国进一步有计划、有步

骤入侵的预定行动。1932 年 11、12 月里，日本关东军就积极向奉山路调动，由皇姑屯至山海关的各车站分驻重兵，并派第八师团开抵锦州。同时，旅顺日本津田第二舰队，又派驱逐舰 10 余艘分驻山海关、秦皇岛的海域。到 12 月底，日本进攻山海关的陆海空军已集结完毕，只待可乘之机了。

我国方面，驻守山海关的为东北军第九旅，旅长何柱国兼临永（永平即卢龙）警备司令，辖区包括临榆、抚宁、昌黎、卢龙、迁安 5 县和都山设治局（今青龙）区域。辖区内除何柱国的第九旅外，还有独立步兵第二十旅、骑兵第三旅和炮兵第七旅的 1 个营，工兵第七营也归何柱国指挥。这些军队分布在西起滦河，北至长城各口，南到沿海的防区。

正当敌我双方积极部署，剑拔弩张，战争大有一触即发之际，日本突然发动了炮击山海关的事件，于是便成为榆关事变的序幕。

1932 年 12 月 8 日，锦州日本第八师团 1 列铁甲车以追击义勇军为名，开到山海关站东端长城缺口，突然向城内发炮 38 发。炮声隆隆全城惊骇。9 日早晨 6 点，日机两架在城内低空盘旋，铁甲车仍停在车站示威。日本母舰 1 艘、驱逐舰 2 艘开抵秦皇岛。晚 7 时许，日军 3000 名进入那道台坟阵地，向我军开枪射击。10 日晨，日军仍在东罗城外的威远城线构筑工事。

炮击事件发生后，日方反诬我国军队开枪射击，又说城内藏匿义勇军。恶人先告状，日本致电日内瓦国际联盟，竟提出 3 项无理要求："（1）事出误会，由我国军事当局用书面向日军道歉。（2）满洲国警察有驻扎榆关之权。（3）驻榆关之日本守备队行动，当地我国军队予以保护。"

对日本侵略者这种惯用的卑劣伎俩，国民党政府却是"和战之

策未定，防事固未及筹，援兵亦屡求不应"。上海《申报》指出："日军于12月8日在榆关挑衅，向城内发38炮，不过小试其锋，试测我当局之态度如何，以定进攻热河之步骤与方略，结果以事出误会4字和平解决。现日逆两军向辽西积极增兵，并增筑直通热河之汽车公路数条，及一切军事侵略之准备，企图一举而下榆关"。事实正是如此，时隔半月，日本侵略者就发动了大规模进攻山海关的事件。

日军炮击山海关，国民党政府竟以"事出误会"处之。暂告平息之后，山海关驻军将领何柱国赶往北平汇报。张学良主持召开军事秘密会议，并以海陆空军副总司令名义做了军事部署：商震的第三十二军开往滦河（后转冷口）；第二十九军宋哲元部开赴喜峰口；王以哲军开赴古北口；万福麟军推进到界岭口以北地区；何柱国（已任第五十七军军长）部则把主力布置在北戴河至界岭口之线；第九旅之第六二七团驻山海关城西5千米的红瓦店、七星寨一带；六二五团驻城西五里台、孟家店、角山寺一带；驻山海关城和北翼城的守军只有六二六团1个团的兵力，分别部署在西南水门、南门、东南角楼、天下第一关以北至东罗城北门、北翼城和西关等阵地。

日本侵略军从绥中调来步兵3000多名，野炮、重炮40余门，飞机8架，铁甲车3列，坦克20多辆，兵舰两艘。步兵炮兵分布在石河桥东、山海关南门外及城东二里店、威远城一带，铁甲车停在东水关长城缺口及车站、石河大桥一带。

日军进攻山海关的部署已经完成，终于在1933年1月1日发动了侵略战争。

1月1日下午2时，驻山海关日宪兵守备队队长落合，通知在山海关日侨，在5小时内全部撤入南海日本兵营"避难"。晚9点30

分，由绥中开到日本兵车1列。日军下车后分布在车站附近，并随意放枪。10点40分，车站附近忽有爆炸声数响，继而又从南海日本兵营向城内发射重炮弹5发。11点50分，日军向车站及南关一带展开，鸣枪示威，并指挥伪满便衣队，企图进占山海关城，当即被我国哨兵发现，将其击退。这是我军还击的开始。夜12时许，日军向我守军提出4项条件：（1）南关归日军警戒。（2）南关我国驻军撤退城内。（3）撤退南关警察及保安队。（4）撤退城上的我国军队。

日方的无理要求遭到我驻军拒绝后，又将南关外我国警察缴械。经交涉陷入僵局，我驻山海关旅部知大战将不可避免，除急电北平，请何柱国速返防地外，守军六二六团团长石世安，还受命积极作应战布置。

榆战爆发后，由张学良主持的北平军分会，向榆关前线及滦东驻军提出作战方针："滦东驻军，以掩护华北集中之目的，对滦东地区，务努力保持，以迟滞敌之西侵。"

临永警备司令何柱国闻变后，星夜驰返山海关关前线，到达秦皇岛时，前方炮火已经很猛烈了。何柱国下令坚决抵抗，并向全军发布《告士兵书》："愿与我忠勇将士，共洒此最后一滴血，于渤海湾头，长城窟里，为人类张正义，为民族争生存，为国家雪奇耻，为军人树人格，上以慰我炎黄祖宗在天之灵，下以救我东北民众沦亡之惨。"并提出战斗口号："以最后一滴血，为民族争生存；以最后一滴血，为国家争独立；以最后一滴血，为军人争人格！"慷慨激昂的动员令，激励着全军将士的抗敌决心。

2日凌晨5点，日本关东军第八师团的3列铁甲车，载步炮兵2000余名，开到山海关车站。上午9时，日军守备队长儿玉率部下70余人，在南关民房上架设机枪与平射炮，向我城上守军射击。儿

玉率兵架木梯登城，当一个士兵爬上半腰时被我守军一枪打死。儿玉手持战刀督战，驱赶着士兵一个接一个地继续向上爬，他也跟随着爬上来。我守军极力阻击敌人的进攻，向爬城日军投出手榴弹，几个日本兵一齐滚了下来，儿玉当场被炸死。日军眼看爬城无效，于是枪炮齐发，开始了全面攻城战。

上午 10 时多，敌军 3000 多名从石河桥到南关、城东二里店、威远城、吴家岭一线展开，包围了山海关城的西、南、东三面，向我方阵地猛攻。敌炮 30 余门，向城内集中轰击。

同时，有敌机 8 架，沿城投弹轰炸，坦克 20 余辆向我阵地攻击。我军将士奋勇还击。11 时许，日军炮空联合，集中火力掩护步兵向南门冲击，企图攀城。我官兵沉着应战，坚守阵地，激战达 4 小时之久。敌人攻城，终不得逞。晚上的时候，停泊在南海的 4 艘敌舰用探照灯四射侦察，彻夜不停。日军向关城继续增加兵力，布成陆海空联合总攻的阵势。

1 月 3 日上午 8 时，日机 6 架在山海关城投弹 10 余枚。9 时许，日机 1 架从山海关飞到秦皇岛、南大寺、北戴河、留守营、昌黎一带，侦察我军动态。

10 时，日军突用海陆重炮及空中投弹，向南门进攻。11 时许，日军第八旅团向山海关城展开，同时，停泊在南海的 4 艘舰船的陆战队登陆，以大炮掩护进攻，并有数十架飞机低飞轰炸。我方当即猛烈还击，一时硝烟弥漫。南门和东南城角及西南水门一带战斗更为激烈，南门城楼及商民住宅多被毁坏。正午，南门及东南城角被敌人攀登占领。我军预备队向南门增援反攻，第十一连自东门（即第一关城门）向东南角逆袭，遂将敌军击退。

到了午后 2 时，日军增加强大兵力，再次总攻东南城角，将城墙轰成巨大豁口，敌兵跟踪突进，我军屡堵屡仆，拼争非常激烈。接着，敌军沿城进攻，坦克车从南门冲入。我守军用机枪猛烈阻击，近则以手榴弹投杀。在南门城楼上敌寇用机枪扫射，我士兵伤亡十分严重，六二六团一营三连连长关景泉战死。坚守东南城角及魁星楼（即现靖边楼）附近的二连连长刘虞宸壮烈牺牲，一营四连连长王宏元相继殉国。当敌军战车从南门冲进时，我一营营长安德馨率领两个班奋勇反击。他慷慨激昂地向士兵们发出悲壮的誓言："我安某一日在山海关，日本人一日决不能过去。日本人要过去，只有在我们的尸体上过去！"士兵们深受感动，无不奋勇当先和敌人浴血奋战，肉搏在大街小巷直至弹尽援绝。但终因寡不敌众，安营长在退到西关清真寺前也壮烈牺牲了。此时，城东二里店、馒头山方面的敌军已迫近城下，东北城角和北、西门也相继失守。午后3时，团长石世安忍痛下令由西水门撤退，退守西关。此时四面城墙，均已被日军占领，当我军撤退时，又遭敌军猛烈射击，第五连连长谢振藩战死，残余部队撤至石河西岸防线。

日寇进攻山海关付出了相当大的代价，据1月5日东京陆军省公布："截至4月7日下午7时止，山海关日军计阵亡军官4名，下士官以次15名，负伤军官3名，下士官以次99名，总计死伤120名。"这是一个远违事实的宣传数字。据实际调查，日军伤亡总计在四五百名以上。攀城进攻时被我守军打死的儿玉中尉及士兵19名，是1月6日上午8时，在该地急造之火葬场举行火化的。

我方坚守城池的六二六团，阵亡官兵400余人，负伤300余人，驻军眷属遭杀害者亦有10多人。

劫后的山海关城，真是惨不忍睹。1月7日临榆电称："榆关之役，敌炮火剧烈，并放燃烧弹，以致城内外商号毁于炮火者500户以上，伤亡达3000余人。"东南城角及南门大街内县公署一带，所受炮火最烈。榆关失陷后，城内外大火，燃烧三昼夜，到处残墙焦土，死尸狼藉。日军入城后，大肆搜捕，凡着中山装者杀，着军服者杀，写反日标语者杀，就是便服内穿灰色裤者也杀。日军借口清扫战场，挨户搜查。流氓浪人从而助虐，滥杀素日仇怨者。青年学生尤遭日军仇视，死于非命者不可胜数，青年妇女备受蹂躏，居民财物劫掠一空。北宁铁路3名警察不肯投降，日军强在其背上插上"欢迎大日本"旗帜，游街绕全城，然后押往南关枪决。

❖ 激战中的激战——古北口战役

密云县古北口是长城重要关口之一，由国民党中央军第二师、

古北口战役

二十五师、八十三师防守。长城抗战爆发后，3月10日，日军开始

大举进攻古北口，守军进行了顽强抵抗，激战三昼夜，使日军遭到自侵入热河以来从未有过的严重损失，伤亡不下 2000 人。12 日，我国军队后援不继被迫撤出古北口，转移至南天门阵地。4 月 16 日，日军又向南天门阵地发起进攻，我国军队苦战至 5 月 10 日，虽给日军以严重杀伤，终因伤亡巨大又无后援，逐步失利，5 月 10 日，日军攻占南天门阵地，13 日攻陷石匣，我国守军奉命撤离密云，历时两个月的古北口战役结束。

日军主力第八师团全部及骑兵第三旅气势汹汹地向北平东北大门古北口扑来。面对几乎武装到牙齿的日军，驻守在古北口的东北军六十七军寡不敌众，节节败退，形势万分危急。

国难当头，匹夫有责。十七军爱国将士怀着疆场报国的决心，以高昂的士气，日夜兼程奔赴前线。先头部队第二十五师于 3 月 4 日凌晨 4 时便赶到了古北口。此时的古北口，形势岌岌可危：拥有优势兵力和武器装备的日军已兵临古北口关下，正准备全力进攻，守卫古北口的东北军已全部退入口内。在这种形势下，二十五师不顾疲劳，立即占领古北口南城东西两侧高地，修筑工事，准备迎头痛击来犯之敌。

二十五师赶到刚刚 3 个小时，日军便对古北口发动了进攻。敌机成群结队飞来，对我方阵地狂轰滥炸，成串的炮弹落向城头、山沟，炸得城崩岩裂，树断石飞。我国军队的阵地被吞噬在一片浓烟烈火之中，士兵伤亡极大。尽管如此，他们也没有后撤一步，并且击退了日军步兵在炮火掩护下的试探性进攻。

11 日天刚破晓，日机又结队飞来，继续轰炸中方阵地。接着，大炮小炮齐鸣，成吨的炮弹倾泻而下，霎时，我方阵地又笼罩在一片硝烟之中。在猛烈的炮火掩护下，日军发起了全线总攻。面对漫山遍野涌来的日军，我国守军沉着应战，放日军到达前沿时，骤然开火，机枪、步枪、手榴弹织成一道火网罩向敌群，顿时，日军人仰马翻，狼狈不堪。但是，日军异常凶顽，一片倒下去，另一片又涌上来。战至上午10时，日军侥幸得手，东北军防守的正面阵地被突破。更加猖狂的日军又集中主力攻击我方右翼的防守要地龙儿峪。在此阵地上，十七军第二十五师一四五团受敌两翼夹攻，形势危急，但面对强敌，战士们坚守不退。团长王润波虽身负重伤，仍顽强指挥战斗，直至牺牲。日军用炮火切断了龙儿峪与旅、师指挥部的通道和电话线路，使中方无法增援。在这千钧一发之际，师长关麟征亲自率领特务连和一四九团增援，途中与日军遭遇，双方短兵相接，混战在一起。关师长身先士卒，率部冲锋，被手雷炸伤五处，满身淌血，仍大呼杀敌。经过反复激烈的搏斗，终于打退日军，恢复了与龙儿峪阵地的联系，稳住了右翼防线。

古北口左右两翼阵地的攻防战仍在激烈的进行。二十五师官兵在代师长杜聿明（关麟征师长返回北平疗伤）指挥下，以寡敌众，浴血奋战，顽强坚守着每一个阵地。12日，他们又连续击退了日军3次大规模进攻。战至中午，由于伤亡过大，古北口城又被日军装甲车突入，只得且战且退，撤出古北口，南移至南天门阵地。当时，一四五团派出的一个军士哨因没接到撤退命令，7名士兵携带一挺轻机枪依然据守在一座小山头上，封锁着日军前进的必经之路。日军以数百人的兵力反复强攻，每一次都被7名勇士击退。日军前后伤亡100余人，而7勇士巍然屹立，恼羞成怒的日军，动用飞机、大炮反复轰击。小小的山头几乎被削平，阵地成为一片火海，硝烟呛得他们喘不上气，烈火烧着了他们的皮肤，但这7名壮士紧握机枪，没有后退半步，直至全部牺牲。这种血战到底的精神也使敌人不得不表示敬佩，最后将他们的尸骨合葬在一起，题为"支那七勇士之墓"。

日军经过 3 日苦战，虽然攻克了古北口，但为此付出了伤亡 2000 余人的代价，日军心有余悸地称之为"激战中的激战"。经此一战，日军傲气大消，再不敢轻敌冒进，只得大量增加兵力，积蓄力量，准备进攻南天门。而我方二十五师也伤亡 4000 余人，急需休整，遂由刚刚赶到的第二师接替防守南天门阵地。双方都在为下一步战斗调整兵力，战场上出现了暂时的平静。

4 月 21 日，日军对南天门阵地的进攻开始了。一连数日，日方飞机、大炮交替轰击，南天门一线被炸得遍地焦土，到处浓烟滚滚，烈焰飞腾。在极强火力的掩护下，日军步兵、骑兵、坦克倾潮出动，轮番猛冲。而我第二师官兵在师长黄杰率领下，冒着日军密集的炮火，凭借有利地形有效地杀伤敌人，一次次将蜂拥而至的敌人杀退，未丢一寸土地。南天门中央四二一高地是日军进攻的重点，扼守高地的六旅十一团拼死血战，构成了一道无坚不摧的血肉堡垒，日军付出惨重代价仍无济于事，索性于 25 日集中全部炮火对高地实施空前猛烈的报复性轰击。从清晨到黄昏，无数炮弹连续不断地倾泻到高地上。高地被削掉了一层又一层，许多战士血光四溅，但没有一个人退却。第二师连续血战 5 昼夜，伤亡甚大，遂于 25 日夜间由第八十三师接替战斗。八十三师又顽强坚守 3 日，用血肉之躯顶住了日军全力进攻。28 日，由于阵地所有工事尽被摧毁，八十三师才不得不放弃南天门，撤至以南 600 米处预备阵地。日军也因人员、弹药消耗过大，停止了进攻，战场再次暂时平静下来。

5 月 10 日，日军重新对南天门以南中方阵地发起猛攻。十七军以剩余的全部兵力投入拼死抗击，又与日军鏖战 5 个昼夜，终因寡不敌众而全线崩溃，14 日被迫全部撤离密云。日军 15 日占领密云县城，而后迅速推进，直逼北平近郊，迫使南京政府于 5 月 31 日与日本签订了《塘沽协定》。古北口抗战，将士们的英勇抗日，使民众看到了我国的希望，激励着千千万万的中国人走上抗日救国战场，用民族之魂和血肉之躯筑起坚不可摧的新长城。

❖ 喜峰口抗战

1933 年 3 月 9 日，日军混成第十四旅一部追击溃退的万福麟部

喜峰口抗战

到达喜峰口。10 日，刚刚赶到喜峰口接防的我国第二十九军张自忠师与进攻喜峰口西侧阵地的日军展开了激烈的拉锯战。日军首次遇到劲敌，遂以一部确保喜峰口，主力集中在长城北侧待机。11 日夜，第二十九军乘日军疲惫、疏于戒备之机，派出 4 个团偷袭日军成功，重创日军。这是日军发动热河作战以来的首次受挫，关东军司令官武滕信义火速调兵增援，并将作战重点转向罗文峪，企图从侧后攻击喜峰口以西的我国守军阵地。

3 月 16 日拂晓，日军 3000 余人企图趁我国守军不备之机，夺取罗文峪之三岔口高地。第二十九军暂编第二师刘汝明部，负责扼守这一带要隘。刘汝明命 1 个团跑步绕出黄崖口，截击日军，将其击退。17 至 18 日，日军对罗文峪、山渣峪等阵地连续发动两次大规模的进攻，我国守军同日军展开肉搏战，"拔刀冲入敌阵，砍杀无算"，将快活林、三岔口、古山子、马道沟之敌完全肃清，罗文峪北 5 千米以内已无敌踪。由 500 壮士组成大刀队于夜间潜登日军阵地，砍毙大量日军，大刀队亦多数壮烈牺牲，仅生还 20 多人。喜峰口、罗文峪阻击战的胜利，振奋了全国人心，打击了日军的嚣张气焰。7 个昼夜，日军多次强攻，伤亡达 3000 多人，终未得逞，不得不暂时后撤。喜峰口一役使日本国内大哗，日本各报刊登了这一惨败的消息，称此役"使日本皇军遭到奇耻大辱。"最恼怒的当属关东军司令武藤信义大将。他在给长城前线指挥官坂本中将电报中训斥道："喜峰口一役，丧尽皇军威名。"

❖ 罗文峪长城三日血战抗敌

1933 年 3 月中旬，侵华日军从承德方向调集早川、濑谷义的第31、第 8 两个联队，并附骑兵两个团，装甲车 10 余辆，飞机 20 架，联合蒙、鲜伪军两个旅，总计兵力过万余人，向长城罗文峪口挺进。

3 月 15 日夜，军探知敌先头部队抵达兴隆半壁山时，设在遵化城的前线指挥所急命第一四三师两个团防守罗文峪一带各口，同时将第三十七师一个旅、第三十八师两个团统归第一四三师刘汝明师长指挥，总兵力约 6000 人，在遵化罗文峪一带的长城线上迎战来犯之敌。

1933 年 3 月 16 日凌晨 3 时左右，日伪军先头骑兵部队由兴隆县

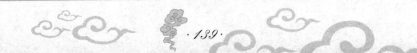

半壁山开始向遵化罗文峪发起正面进攻。我遵化城防司令祁光远带领一个团火速赶到三岔口截击敌先头部队。经过 5 小时激战，大败敌先头骑兵部队，然后迅速撤回罗文峪阵地。

上午 8 时左右，在长城罗文峪口一带，敌我两军正面的阵地争夺战开始。二十九军官兵以长城为阵地抗击来犯之敌。由于我方炮火强度压不住日伪军，因而使敌军的炮火越发集中和猛烈，日军直接以山炮瞄准轰击长城，把原来很完整的罗文峪段长城顿时炸得砖石横飞，破败不堪。而我军官兵始终坚守阵地，几经相持，各不退却，敌我双方损失均较大。正在僵持不下之时，刘汝明师长亲临火线督战，二十九军官兵群情激奋，一举将进攻罗文峪口之敌击溃。

当晚 8 时，日伪军以步兵、炮兵联合的强大阵势，向罗文峪口二十九军阵地猛攻，仍遭到迎头痛击。随后，战场逐渐进入暂时休战状态。

罗文峪激战第一天，日伪军损失兵力 1000 余人，二十九军伤亡仅 700 多名。

3 月 17 日上午 8 时，日伪军调集步炮兵五六千人，由半壁山向罗文峪口进攻再战。敌人在进攻中，先以重炮火力集中于一点对二十九军阵地猛轰，大批步兵冲锋紧随其后，同时派出 20 多架轰炸机低旋轰炸罗文峪口。因我方官兵对此早有准备，利用残破的长城躲避敌人强烈炮火，以长短枪和刺刀与近敌相拼杀，依然拼死决战数小时之久，把来犯之敌拒之罗文峪口外。

到中午 12 时左右，日伪军已向罗文峪口发射炮弹 500 余发，整个山谷已经变形，但二十九军防御阵地依然故我。师长刘汝明身先士卒，亲率一连手枪大刀队埋伏在山口处，等待来犯敌步兵近到 200 米处时，则站出来挥刀督战，并投掷手榴弹、挥舞大刀奋勇杀敌，使进犯我阵地的日伪军仓促溃退。刘汝明率队乘胜奋勇追击。

下午2时，二十九军官兵将日伪军第一道防线突破，随后又将敌第二道防线突破，日军少佐吉田被击毙。当晚7时，敌军在二十九军猛烈反击下全部向后撤退。当夜，由营长王合春带领一营士兵，翻越五六座山岭潜入敌营地，以手枪、大刀血战5小时，杀敌500多人，迫使敌军向北溃退。王合春营长在战斗中壮烈牺牲，全营仅有70人生还。

17日激战一昼夜，二十九军官兵与日伪军血战20多次，生擒敌指挥官3人，杀敌1000余人。二十九军伤亡士兵400余人。

3月18日凌晨2时日军在猛烈的炮火的掩护下，向二十九军驻守的罗文峪口实施新一轮猛攻。师长刘汝明亲自督战，指挥官兵占据长城各隘口，以手榴弹、机枪沉着应战，杀敌数百人，再次击退敌军进攻。

天亮时分，敌军又以集中炮火向我罗文峪守军阵地攻击。到中午时，敌军派来30余架飞机低空盘旋轰炸。同时，3000余步兵乘机向我罗文峪口阵地发起冲锋。二十九军各部配合默契，士气倍增，奋勇杀敌。经过5个小时的血战肉搏，打退了敌军30多次进攻，毙敌五六百人。

当晚10时，日伪军再次以全部兵力向我罗文峪阵地发起猛攻。师长刘汝明亲沿各阵地督促官兵拼命抵抗，顽强地打击进犯之敌。刘汝明还指派旅长李金田带领一团兵力，趁夜绕翻7座山头摸到敌机枪阵地，用大刀砍杀敌机枪手。团长祁光远也率部由右翼阵地潜出，向敌阵背后袭击。于是，刘汝明见势急令发起全线反攻，将日伪军赶出罗文峪以北10余里。

罗文峪血战三日，二十九军官兵杀敌3000多人，自己伤亡1700

余人，大大挫伤日伪军的元气。至此日军在罗文峪方向再无进攻能力，不得不败兵撤退。

关于罗文峪三天激战，日军"满洲事变作战经过之概要"记录："（日军）于十六日好容易抵达佛爷附近，十七日攻击据守长城之敌军，虽夺取长城之一角，尔后战况无进展。十七，十八两日虽力攻无效，弹药将尽，补充乏术，……主力于二十五日归还承德。"

罗文峪激战，日军兵力强大，武器装备精良，且拥有飞机、装甲车、大炮作掩护，进攻气势过于强盛；我二十九军虽兵力较少，武器装备也较之落后，多为土枪、大刀等，但因官兵一心抗日，杀敌心切，加之战场指挥得当，战术灵活，因而在拼死决战中能够取得胜利，为我国人民抗日战争史写下了不可磨灭的光辉一页。

❖ 长城冷口——我国军队唯一进攻战

长城抗战的主要战场，除西线的古北口，中线的喜峰口外，还有东线的冷口及其周围的各个小口子。冷口，位于迁安县城北 32 里的长城线上，是山海关和喜峰口之间的十个重要关口，口外为青龙、凌源县，是青龙至关内的主要通道，也是唐山港至冷口公路的终点，与喜峰口同为明长城的重要关隘，是当时蒙古人进京入贡的通道，也是交通要道和军事要地。据说原名叫"清水明月关"。相传一年冬天，康熙皇帝骑着毛驴私访来到冷口，欲过关口，但因雪大风急，几次未能通过。后来，康熙学张果老倒骑毛驴才艰难通过。但到北门时，因路滑，驴失前蹄，康熙被摔下驴来，他不由地说了声"袭人的冷口难过的关啊！"

于是，"清水明月关"被改为"冷口关"。冷口关建在山势险峻的凤凰山上，远观凤凰山酷似一只昂首展翅欲飞的凤凰。其正中主峰山腰处有两块碧绿色的岩石，似凤凰双眼，主峰两侧有青、褐、黄色间杂的岩石，如展开的多彩凤翅，12 座连环山峰则如展开的凤尾。山上 12 个山峰都建有城堡，故有"十二座连营凤凰山"之称。关城随山势修建，城墙用砖包砌，东、南各一门。城南有练兵场，对峙的山峰间有沙河自北向南流过。城南拱券门以及相连的 15 米砖墙仍然保存，关城城址处已成为冷口村。

冷口关东侧山顶上有一处城堡遗址，周长 320 米，形状不规则，四周用青砖白灰垒筑，多半已坍塌，北侧有一马道，南侧有一门。在冷口村西侧山顶有一座烽火台，一般的烽火台都建在紧靠长城城墙的地方，甚至干脆用敌台代替，而这座烽火台距离长城 400 米，似乎不着边际，而实际上是将军情向内地传递的重要转接点，对于沿边城堡做好应战准备有着极其重要的作用。

冷口关由于地势险要，各代均派重兵把守。明代戚继光任蓟镇总兵时，曾在此修边城，筑敌台，作为冲要之地。明代蒙古游牧骑兵经常由冷口南下侵犯抢掠。在关口东侧崖壁上，现仍保存一处在天然石壁上开凿的摩崖石刻，真实地记录了嘉靖三十九年（1560年）许纶率兵在冷口击败敌兵的史实。从迁安境内发现的石礌，更是当年两军对峙、战火硝烟的历史见证。

冷口关的战火一直延续到近代。民国初年，这里是直秦军阀混战的主要战场。

进入 20 世纪 30 年代，这里成为我国军队抗击日本侵略者的著名长城抗战主战场之一。

3 月 16 日，日军混成第三十三旅团进攻长城东部要隘界岭口。北平军分会把守卫冷口及其附近地域的任务交给了第二军团总指挥兼三十二军军长商震。商震除指挥本军外，他还辖何柱国的五十七军。

冷口关几乎与热河同时于 3 月 4 日被日军第八师团第十四旅团的米山先遣支队所攻占。两天后该旅团的鲶江支队又攻占了冷口之东出界岭口一带阵地。日军是从热东朝阳、凌源等地紧紧追击东北军万福麟部，跟踪而至，抢占了冷口长城的，这就给我国军队的防御造成很大威胁和被动。冷口一旦失陷，便会威胁到界岭口及喜峰口二十九军的后路，因此，它是关系战役全局的一个关口。为此，北平军分会于 3 月 7 日中午，向商震发出了收复冷口的命令："查冷口为滦东要隘，至关重要，据报敌一部已占领该口，构筑工事中，亟应力予驱逐，以圆侧防。贵总指挥已派黄光华师长，率两团由卢龙经迁安向冷口急进，并饬宋（哲元）军前驱逐外，着由何柱国军，再派一个旅加入该方面，协同黄师驱逐该敌。"

冷口关两边的山势比较平低，日军占领后，军事上无险可守，再加上此地山石纵横，天寒地冻，要修筑战壕很困难。日军初来乍到，本无什么基础，携行物资也不多，所以基本上投有搞防御工事。更重要的是他们仅用 12 天的时间就占领了热河全境，由此产生的麻痹思想使他们认为我国军队是不堪一击的，这样的军队绝不可能有什么反击力量。

由于以上种种原因，所以米山先遣队在占领冷口关以后，只等着后续部队来到后继续扩大战果，而绝没有想到我国军队会进行反击，因而也就没有做这方面的准备。

刚从后面赶来的商震所部黄光华一三九师的官兵，"九·一八"后耳闻目睹日军欺侮我国人的种种劣迹，早已怒气难平，接到军分会电令后，当天就由卢龙等地赶向冷口南的建昌营。

时值午后 4 点多，侦察员回来向黄师长报告了探查到的情况：冷口敌军不足千人，没有完整的防御工事，而且十分骄纵，几乎没

有防守的打算。

黄光华师长听了报告，在请示军长商震后，决定对冷口关守敌实施主动进攻。他给3个团分配了任务，以七一七团为主攻，其他团配合，部队于太阳落山时向冷口关发起了攻击。

这是这个师从山西转到华北来后，第一次与敌作战，尤其是第二次与外国人作战，而且是武器装备优良的外国军队，并且这个作战不是防御战，而是进攻战，是去收复失地。这在整个长城抗战中应该是首例。包括古北口、喜峰口在内当时均处于防御，而在冷口，却要向敌人发起进攻。首次担任这个任务的一三九师官兵，对与日军作战也心中无底。以前只听说日军十分厉害，从东北打到华北，一路如秋风扫落叶。不少士兵在激愤之余，心里难免有点打鼓。但家仇国恨使士兵们很快鼓起了斗志。诚如有人说的那样："当兵的早把脑袋别在裤腰带上了，瓦罐迟早井口破，将军难免阵上亡，血洒沙场，也算对得起家乡父老了！"

从建昌营到冷口关不足10里地，不一会就赶到了。在傍晚的雾霭中，他们老远便看见关口外的日本军营里火光点点，炊烟袅袅，大概正在做晚饭。随着指挥官一声枪响，士兵们饿虎扑食似的向日军的营地冲去。正是开晚饭时光，日本兵都拿着搪瓷缸准备盛饭吃，阵地上只有几个哨兵。米山队长好不容易把队伍集合起来，这时我国军队已冲到跟前，他扬着长长的战刀指挥队伍反击，都被蜂拥而至的我国军队压了回去。

一三九师的勇士们，抱着把晚饭留在战后吃的信念，用大刀、刺刀、手榴弹一齐向敌人杀去，他们的大刀虽然不如宋哲元的二十九军那么厉害，但因为都是驻山西的友邻部队，受到他们的影响和感染不少士兵的大刀技艺也是很高超的。他们的抵近拼杀，使日军大炮、机枪失去了发挥作用的机会，应付了两个回合，便纷纷向后败去，任凭米山的督战怎么厉害，也拦不住一心想逃命的士兵。最后，连米山本人也只好跟着溃逃了。

战斗仅进行了两个小时，被日军占领四天的冷口关被夺回来了。

这一仗的重要意义绝不在于广大官兵利用速战速决的战法，吃了一顿胜利后的晚餐，它的重要性还在于这是自"九·一八"事变以来，我国军队打下的唯一的一次进攻战，一次赶走敌人，夺回阵地的胜利战。

日军丢失了冷口，是绝对不会就此罢手的，商震深深懂得这一点。为此，他召集各师长、团长来进行研究。他说："几天前，在冷口这个阵地上，敌人是守方，我们是攻方。现在呢，颠倒过来了。我们夺下了冷口，我们就变成了守方，敌人则变成了攻方。敌人要来进攻，这一点是不容置疑的。至于何时来，我们则不清楚。现在，我们就要研究研究怎样才能守得住的事情。请你们想一想。"

黄光华师长首先发表了意见，他是一个很讲究实际，又深深了解自己长短的军人。他说："这次蒙军座的果断指挥，将士的英勇牺牲，我们夺回了冷口关，这是可贺之事。但作为一名指挥官，我们的头脑要冷静，全面看一下战斗过程，也不能排除我们取胜有侥幸的成分在内，这就是敌人防守的松懈，以及阵地上缺乏甚至没有什么坚固的工事。""说得好！"商震打断了他的话，很赞赏地看了黄师长一眼说：对于敌人的这两条教训，我们要把它拿过来，当成我们的两面镜子，变他们的教训为我们的经验。你们明白我的意思了吗？"诸位军官如茅塞顿开，纷纷点头。

商震又进一步加重语气，强调说："和敌人比，我们的武器远不如人家。我们进攻敌人用韵是步枪大刀手榴弹；敌人进攻我们，却可以用飞机、大炮加坦克。这就提醒我们，要想守住已夺得的冷口，必须抓紧一切时机，构筑经得起轰、经得起炸的防御工事，准备与敌人血战一场！"

从第二天起，三十二军的官兵一方面派出侦察密切窥探敌人的动向，一方面全力以赴投入了构筑防御工事的工程。

就这样，在各级长官的带领下三十二军的官兵利用敌人暂时休战的机会，在百里守防线上层开了构筑阵地工事的大战。

当地的老百姓也是有力的出力，有物的出物，纷纷参加了修筑工事的行列。看到挖战壕缺少工具，开滦矿务局的工人慷慨地捐献了一万把铁镐，运到阵地上供士兵们使用；搭工事的木料不够用，矿务局就把支撑煤窑坑道的原木运来供部队用。

坚硬的石块和冻结的地层，使一把新镐用不了一天就磨秃了，两天就磨下去一大截，3天就变成了秃拳头。为了解决这个问题，当地的民众组织和工商部门找来许多铁匠，加上部队的工兵，在阵地上支起了一个个铁匠炉。前边镐锹飞舞，后边铁锤叮哨。磨秃的铁镐送到铁炉旁，经煅烧再生后，又一把把送到了官兵手中，大大加快了工事的构筑速度。敌人也不知怎么了，从冷口败退后，几天来竟毫无动静。

两天后，从喜峰口和古北口传来消息：敌人在那里打得正热闹。商震想：也许日军兵力不足，不能几个地方同时开花；也许他们的战斗部署变化，重点有所转移，正好，我利用这个机会，全力投入阵地建设，要在长城线上，再筑一道看不见的长城。

日军在长城各口连连遭到我国军队的有力抵抗后，极为恼火，极为恐慌。恼火是可想而知的，恐慌是因为怕遭天皇和议会的斥责。为了实现他们"确保长城山线"的目标，在经过短暂的休整补充后，他们又气势汹汹地进行反扑了。开到冷口前线的，是第六师团的一个步兵旅团。他们3月上旬从赤峰出发，经平泉、凌源县，于下旬抵达冷口北面的肖家营子。敌人是抱着强烈的报复心理来的，一来便迫不及待地展开了进攻。先是用炮火轰，接着在坦克的带头下，步兵哇哇叫着冲了上来。

对这次构筑的工事，他是充满信心的。事实证明，它经住了敌人飞机、大炮的轰击。牢固的掩体极大地减轻了士兵的伤亡。特别是挖了许多大坑使威风凛凛的坦克栽了进去。这种我国古代绊马坑的战法，使现代化的坦克成了瓮中鳖、断腿马。

我国军队以逸待劳，精神百倍。各营连纷纷组成敢死队，由营连长官带领，像一支支利箭射向列队进攻的敌群，展开了集团式肉搏。这些山西娃娃兵杀得日本兵胆战心惊，武士道精神也无济于事了。武运更是不"长久"了。战斗进行到午后两点，日军彻底崩溃了，再也无力还击，纷纷向后败退而去。

经过3天的激战，冷口关仍在我国守军手中，日军无可奈何地把军队撤到冷口关外肖家营子一带，暂时停止了进攻。日本参谋本部在谈到这次冷口之战时说："我国军队构筑有极其坚固的阵地，而且纵深度相当大，其抵抗出乎意外的顽强。"

3月中旬，中日两国军队在冷口激战多日，最后形成相峙局面。

3月下旬，日本关东军总司令武藤见日军在喜峰口、罗文峪连连失利，久攻不下，便下令改变战略部署，令第六师团的第十一旅团全部向冷口一线移动。到4月上旬，冷口方向除十一旅团的兵力外，还集结了第三十六旅团的四十五连队，第四旅团的骑兵部队，共计3万余人，并配以飞机、战车、大炮。日军于4月7日开始向冷口展开重点进攻。

三十二军军长商震，把一三九师和一四一师的一部分摆在前面，另一半人马留在后面作预备队。他们的防线从冷口往东延至义院口，往西延至喜峰口附近的董家口，正面竟达 180 多里，不足万人的部队要守这么长的口子，实感吃力。一三九师只好采取一线配置的办法，把兵力一字排开摆在长城各口上。

商震来前线检查防务时很不满意。他对一三九师师长、参谋长说："你们这种配置敌人一碰就破，必须搞纵深式和据点式配置才行。"

一三九师参谋长石彦懋苦笑着对商震说："军座，您的指示很对，但是我们难以办到。为什么？打个比方说，你给我们棉花叫我们纺线织布，但棉花太少，只能纺成线丝，却织不成布，我们无能为力。"

商震不听他的，要他们变更部署，石彦懋有点为难地问："军座，我们对日本究竟是真打，还是只摆摆样子？"

商震动怒了："为什么不真打？"

"真打为什么不多派点部队来，为什么我们军只把一个多师摆在前面，把其他部队摆在后面？"

其实，石彦懋的话，正捅在了商震的心病上。商震对抗击日寇的侵略本来是很积极、很坚决的，他千方百计摆脱阎锡山的羁绊，带领部队从山西北上，就是为了能在抗倭卫国中为中华祖国做点好事。

但自从他参加了北平军分会的几次会议，看到一些军政要员并不十分热心抗日的工作，思想产生了动荡。尤其 3 月下旬他去北平居仁堂参加了蒋委员长召集的秘密军事会议，聆听了他的讲话后，思想受到很大冲击。他从蒋介石和何应钦一再强调的"不要希望再增加兵力，要以现有的兵力对付日军，要一面抵抗，一面交涉，争取外交解决"等谈话中，得出了一个结论：南京政府对日本不是真打，不是全力打，不是坚决打。因此将来的胜负可想而知。几十年的军旅生涯使他感到，在蒋委员长的眼里，没有实力的将军是没有地位的。手中没兵权在军界也是难以站得住脚的。既然如此，自己何必去做无谓的牺牲，把手中的兵力拼光拼完呢？

这样想过之后，商震便作出了既要抵抗日军的入侵，尽一个军人的职责，又要尽量保存实力的决策，不肯把全部军队投到第一线去。

守在冷口关前沿主阵地的是一三九师林作桢的七一五团和蒋纪珂的七一七团，开战以后，他们顶着日军的炮击和轰炸，依据有利地形，居高临下，打退了敌人一次又一次进攻，整整一天，敌人没有取得突破性进展。当然我国军队也付出了很大伤亡。

第二天，日军见强攻无效，便调集优势炮火，对我国守军阵地进行毁灭性轰击，士兵在无隐蔽的情况下，坚持还击，人人满身硝烟，一腔怒火，营连排各级军官身先士卒，带头拼杀。营长张克巽在激战中英勇捐躯，士兵们前仆后继血战终日，终于保持了阵地的完整。

第三天，敌人除采取老一套打法外，又出动骑兵从阵地两侧迂回包围，配合步兵进行冲杀，他们趾高气扬不可一世。我国士兵对着奔腾的大洋马，一枪一个，放倒了不少。这样日军的骑兵在山岳地带就难以逞凶。至此，日军把空、炮、步、装甲等兵种全拉上了阵，我国守军经历了各种现代化火力袭击的考验，虽然伤亡不断增加，但官兵们仍死死守住了阵地。

第四天，战斗更加残酷。有的连、营伤亡已超过三分之二，个别前沿阵地已被敌人突破。一三九师黄光华师长和一四一师高鸿文师长把自己掌握的预备队都用上了，仍不能解决问题。师参谋长石彦懋向商震军长打电话，要求派部队增援。商震严令他们坚决顶住，增援部队即刻启程。但从唐山郊区的开平驻地到冷口，路途不近，又无现代化交通工具，靠两条腿赶路，不知何时能到。

第五天，守卫冷口西线白羊峪的一四一师郭维藩的七二一团受到敌人强大火力的轰击，伤亡惨重，尤其守在前沿阵地的三营官兵已所剩无几，营长戴英失踪不见，其他军官几乎伤亡殆尽。敌人乘此机会一阵猛攻，突破防线，冲开一条口子，杀了进来。

这样一来，冷口关的我国守军被从白羊峪冲进的敌人抄了后路，形成夹击，难以支撑，只好纷纷撤退。这时，商震派的增援部队正向冷口赶来，可惜为时已晚，败局已定。

坚持了五天的冷口关，于4月11日陷落敌手。

❖ 傅作义阻敌牛栏山——长城抗战最后一站

1931年，抗日战争爆发，9月28日，时任三十五军军长兼任绥远省主席傅作义与宋哲元等50余名北方将领联名通电，"呼吁全国各方团结一致，同舟共济，群策群力，共同奋斗"，表示"愿为抗日救国，捐躯摩踵"。同时对所部加紧抗日动员，每天早晚带领官兵，齐声高呼："誓保国土，以尽责任，不惜牺牲，以雪耻辱"。

1933年1月3日，日军侵占山海关，揭开长城抗战的序幕。1月5日，傅作义分电阎锡山、张学良、蒋介石请缨抗日。15日，以绥远省主席名义发表《告全省民众书》，号召全省同胞"奋起救国御侮"。25日，奉命率部由绥远出师东进，开赴抗日前线。2月上旬，傅部在张家口编组为第七军团，傅作义任总指挥，三十五军的

傅 作 义

番号暂改为五十九军。3月4日，日军侵占承德后向长城各口进犯，遭到我国军队的顽强抵抗。4月30日傅作义部奉命开往牛栏山西至昌平一线布防。

　　当第十七军等长城守军奉命主动撤退之际，关东军司令官得知战况进展异常顺利，"认为趁机占领长城以南的要冲，有利于确保今后行动的自由。当即于5月20日下令由北平、天津约50千米一线经怀柔、密云、平谷向蓟运河一线前进。我国方面忧虑战局扩大，终于提出停战要求。我国方面早在日本第一次越过长城线的4月前后，陈仪即对驻上海武官根本博透露了停战意图。其后，在北平的何应钦也为停战非常焦虑，并为此曾通过日本驻北平武官永津佐比中佐多方策动。关东军并不介意我国方面的停战活动，毫不减轻对

其重压，继续穷追，置北平于指顾之间。"

日军向密云追击的时候，集结于北平昌平附近的傅作义所部第五十九军第七十三师，奉命由昌平地区进到怀柔布防。5月15日，第七十三师进入平古大道怀柔西北牛栏山经石厂、高各庄一线构筑阵地。17日，主力在后方30余里构筑第二道防线。傅作义将曾延毅第二一八旅、叶启杰第二一零旅部署在一线阵地左右两翼，金中和第二一一旅部署在二线主阵地。

傅作义非常重视知己知彼，所部到昌平后，专门派人到各部队广泛搜集日军作战资料，进行分析研究。他深知日军装备优势显著，须用良好的工事弥补我方装备悬殊。针对日军的飞机轰炸和坦克冲锋的特点，他还提出了"七分用土，三分用枪"的对策。

为修筑好工事，傅作义亲自带参谋人员和工兵到牛栏山现场察看地形，设计出多种样式的掩体和战壕，绘制成图，连夜下发到各连。在上万名当地劳动力的帮助下，各团营连按照要求，在20日前抢筑了相当规模的三线纵深配备阵地，还在阵地前挖出4米深的外壕两道，外壕外面另埋地雷。为应对飞机轰炸，各连工事均分为上下两层，炸毁上层，还有下层。各掩体内设有指挥部、弹药库、绷带所、厕所等。前后阵地之间有四通八达的交通沟。并且，为对付日军侦察机，阵地上都进行了伪装，伪装得甚至连人走到跟前也难于发现。

21日，日军第八师团长西义一坐镇密云，派出飞机和小股部队进行试探性进攻，向阵地扔下少量炸弹，但损坏和伤亡很小。

23日凌晨4时，西义一派出铃木旅团和川原旅团福田支队，以飞机10架、坦克10辆，山炮、野炮各十几门的兵力，向一线阵地发起猛攻。日军以惯用战法，先以飞机大炮狂轰滥炸，再以坦克掩

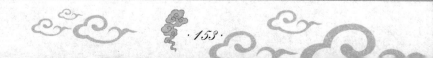

护数路步兵冲锋。前沿阵地的董其武第四三六团将士，凭借坚固工事沉着迎战，直到中午，日军都未能攻破该团主阵地。

其间，上午8时左右，傅作义接到何应钦从北平来的电话，要他到北平去开紧急会议。傅作义因战事紧张，抽不开身，就让军参谋长苗玉田代往。

中午，铃木亲自到一线指挥，把主攻方向改为左翼的第二一零旅薄鑫团。与此同时，还派出骑兵第七十二联队和早川步兵联队偷渡过河，向薄团后方迂回包抄。为打退日军围攻，炮兵连把山炮抬出掩体，在暴露的高地上用零线子母弹进行轰击。这种炮弹射出30米即爆炸，杀伤面积长、宽各30米。由于我军官兵有工事掩护，我军很少被自伤。但炮弹中的铅弹却使日军造成重大伤亡，日方《朝日新闻》随军报道称："两军相距甚近，华军竟敢发炮射击，实属罕见，其勇敢令人惊叹。"

骑兵第七十二联队和早川联队转而攻占了我方守备薄弱的茶坞村阵地，对其他阵地构成威胁。傅作义电令二线阵地的第二一一旅孙兰峰第四二一团增援收复。孙兰峰准备从背后抄袭日军，被日军发现，派骑兵来冲击步兵。孙兰峰留下重机枪连和一连步兵依托树林伏击日军骑兵，大部队继续前进。结果，敌骑不仅没有冲垮我方步兵，反而伤亡惨重，茶坞村阵地也被我方收复。当天，其他丢失的前沿阵地均被夺回。

其间，在下午4时前后，双方激战之际，傅作义接到何应钦让苗玉田和其他人打来的4次电话，要其停止战斗。傅作义因两军胶着，自己不可能单方停战挨打，未予执行。此次连续15小时的恶战下来，第五十九军阵亡将士367人，伤400余人。日方公布的数字，阵亡340余人，伤600余人。即便按日方公布的数据，也意味着我方获得明显胜利。

当晚，傅作义让孙兰峰团替下了伤亡较重的薄鑫团。孙兰峰提出当夜扰袭日军的计划，傅作义认为不错。孙兰峰随即挑选了素质好的奋勇队员 500 名，配备上全团所有的冲锋枪，准备在 12 时出发实施夜袭。

这时，上午派到北平参加何应钦紧急会议的苗玉田赶回来，他带来了何应钦的手令："着第五十九军即刻停战，向高丽营撤退集结。"当晚，傅作义被迫传令部队撤离阵地。

第二天，日军专门到第五十九军阵地来研究我方工事构造。日本《大阪新闻》报道说："有少数部队顽强抵抗，是役我军因受地雷之损失甚大，所以士兵不敢走不长草及无道路地。……敌在高地筑有我国式的坚固阵地，该阵地两旁伸出，一对密云前来之我军，一对由蓟县前来之我军，侧背之早川联队，突受敌千余人之进攻，结果伤亡约三百余人。在高地之敌，利用微小之枪眼孔射击，我军既难达歼灭之目的，又无法攻击前进……5 月 24 日观看我国式之阵地，实有相当之价值，且于坚硬之岩石中，掘成良好之战壕，殊令人惊叹。敌兵隐藏于坚固之穴中，仅露出 2 寸宽、4 寸长之枪眼，做殊死之抵抗。观其在作战中掩埋之遗体，其中尚有十六七岁者，且有类似学生者，青年之狂热可见一斑矣！"

当天，日军进至怀柔县城以南一带后，正准备继续向顺义进攻时，也收到了关东军司令部停止战斗的命令。于是，牛栏山一战，成为整个热河——长城抗战的最后一战。

怀柔抗战胜利的消息，被全国各报竞相报道。傅作义率部返绥后，将长城抗战牺牲的阵亡将士遗骸收敛安葬于城北大青山下，并下令建立烈士陵园，竖立纪念碑，请胡适作了一篇白话体的碑文，

碑文由钱玄同书写。碑文最后写道：

这里长眠的是二百零三个我国好男子！

他们把他们的生命献给了他们的祖国。

我们和我们的子孙来这里凭吊敬礼的，

要想想我们应该用什么报答他们的血！

长城抗战历经 5 个月，最后以订立丧权辱国的《塘沽协定》而告结束。

长城抗战虽然失败，但以二十九军为代表的广大官兵在战斗中的表现却是值得我国军人骄傲的。喜峰口、罗文峪的胜利不仅体现了中华民族反抗外来侵略的光荣传统，而且洗雪了我国军队因热河作战场玉麟部不战而逃所蒙受的奇耻大辱，显示了我国军队抵御外侮的能力。

一个民族、一个国家的兴衰荣辱，与该民族能否坚持、弘扬本民族的主体精神关系至大。经历了数千年风雨沧桑的中华民族，在其发展历程中，之所以不断显示出顽强、旺盛的生命力，就是因为她有非常优秀的民族精神作为自己生存和发展的强大内在动力。到了近代，中华民族之所以能度过八年抗战等艰苦卓绝的难关，扭转近代我国反侵略战争屡战屡败的局面，一个重要原因就是全国人民为自强不息、不畏强权、热爱和平、保家卫国的民族精神所鼓舞，为了国家的独立和民族的尊严，不惜抛头颅、洒热血，与日本侵略者进行了不屈不挠的斗争，演出了一幕幕威武雄壮、感天动地的话剧。

第六章 有关长城的诗词

出 车（节选）

《诗经》

王命南仲，往城于方。

出车彭彭，旂旐中央。

天子命我，城彼朔方。

赫赫南仲，玁狁于襄。

【作者】

《诗经》是我国最早的一部诗歌总集，共收入自西周初年（前11 世纪）至春秋中叶（前 6 世纪）大约 500 年间的诗歌 305 篇。在先秦，《诗经》称为《诗》，或举其整数称"诗三百"。到汉代，《诗》被朝廷正式奉为经典之一，才出现了《诗经》的名称。《诗经》中的诗，当时都是配乐的歌词，按所配乐曲的性质，分为风、雅、颂三部分。《诗经》形式多样，内容丰富，反映了周代社会生活的各个方面，可以说，是周代社会的一面镜子。

【题解】

　　《出车》是《小雅》中的一篇，称赞大将南仲带兵抵御玁狁，勤劳王事，克敌有功。全诗共六章，是《诗经》中篇幅较长的，这里只选取了第三章。诗中提到"城彼朔方"，这是修筑长城的较早的记录。

【注释】

　　1. 王：指周宣王。南仲：周宣王时大将，也作南中、张仲。

　　2. 城：筑城，作动词用。方：当时朔方的一个地名。

　　3. 彭彭：马强壮的样子。

　　4. 旐：画有蛟龙的旗。旐：画有龟蛇的旗。旂旐（qí zhào）：旗帜。中央：鲜明的样子。

　　5. 天子：指周宣王。

　　6. 朔方：古语称北方为朔。

　　7. 赫赫：显耀盛大的样子。

　　8. 玁狁：（xiǎn yún）：我国古代北方的少数民族。也叫荤粥、薰育、荤允。汉朝时叫做匈奴。于：相当于"以"。襄：通"攘"，排除，消灭。

【译文】

　　周王传令南仲，前往朔方筑城。

　　兵车战马众多，旗帜鲜明缤纷。

　　周王传令给我，前往朔方筑城。

　　威仪不凡南仲，扫荡玁狁获胜。

胡笳十八拍（节选）

蔡 琰

冰霜凛凛兮身苦寒，饥对肉酪兮不能餐。

夜闻陇水兮声呜咽，朝见长城兮路杳漫。

追思往日兮行李难，六拍悲来兮欲罢弹。

【作者】

蔡琰（约 168～220 年），字文姬，陈留圉人（今河南杞县）人。汉末著名女诗人、书法家。她是蔡邕之女，自幼习读，博学有才辩，通晓音律，擅长书法。但她一生命运坎坷，初嫁于卫氏，夫亡无子，返回娘家居住。继而遭遇汉末乱世，被胡兵掳入南匈奴长达 12 年，生有 2 子。后被曹操赎回，蔡琰强忍抛子之痛返南朝，由曹操主婚嫁于董祀。她的作品今传有《悲愤诗》五言及骚体各一首。

【题解】

《胡笳十八拍》是一篇长达 1297 字的骚体叙事诗，原载于宋郭茂倩《乐府诗集》卷五十九及朱熹《楚辞后语》卷三，两本文字小有出入。对这首诗是否为蔡文姬所作，学术界争议颇大。胡笳是古代北方民族的管乐器。"拍"是音乐的段落，十八拍即十八段。蔡琰将原为胡笳曲的《胡笳十八拍》改为琴曲，并创作了歌辞。作品表达了她遭逢乱世，被掳入匈奴，12 年后被曹操赎回的全过程。这里

选的是第六拍，主要叙述她身陷北地，由于不适应匈奴地区寒冷的气候和饮食，睡卧不安，更加激起对家乡的思念。她夜闻陇水，朝见长城，陇水与长城，代表着她思念的家乡。

【注释】

1. 凛凛：寒冷。
2. 酪（lào）：乳类制品。
3. 陇水：陇山上下来的流水。
4. 杳（yǎo）漫：荒远的样子。
5. 行李：行程。往日行李：指当初被掠来时沿途经受的苦楚。

【译文】

冰霜很冷啊身体感到又苦又冷，饥饿地面对着肉和奶啊却不想吃也不想喝。

夜里听到陇山上的流水声啊如泣如诉，早晨远看长城啊路途荒远。

回想过去的日子啊行程中饱受磨难，弹到第六拍悲从中来啊真不想往下弹。

饮马长城窟行

陈 琳

饮马长城窟，水寒伤马骨。

往谓长城吏："慎莫稽留太原卒"。

"官作自有程，举筑谐汝声"！

"男儿宁当格斗死，何能怫郁筑长城"？

长城何连连，连连三千里。

边城多健少，内舍多寡妇。

作书与内舍："便嫁莫留住。

善待新姑嫜，时时念我故夫子"。

报书往边地："君今出言一何鄙！"

"身在祸难中，何为稽留他家子？

生男慎莫举，生女哺用脯。

君独不见长城下，死人骸骨相撑拄"！

"结发行事君，慊慊心意关。

明知边地苦，贱妾何能久自全"？

【作者】

陈琳（？~217年），字孔璋，广陵（今江苏江都）人，"建安七子"之一。初从袁绍，掌管过书记。后归附曹操，与阮瑀同管记室，两人均以擅长公牍文书闻名当时。建安二十二年（217年），与刘桢、应场、徐斡等同染疫疾而亡。陈琳诗、文、赋皆能，但大部分作品已亡佚，今存诗歌4首，明代张溥辑有《陈记室集》。

【题解】

这首诗描写修筑长城的繁重劳役给广大人民带来的苦难。全篇以对话方式写成，有较浓厚的乐府民歌的影子，是较早的文人拟作乐府诗作品，也是陈琳的代表性作品。

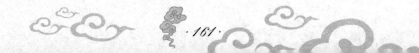

【注释】

1. "水寒"一句：实际是借马说人，衬托戍役难以忍受边地之苦。

2. 慎：小心，千万。稽留：滞留，指拖延戍卒的服役期。太原：秦郡名，约在今山西省中部地区，治所在今太原市。"慎莫"这句是从太原来长城服役的百姓恳请长城吏的话。

3. 官作：官府的工程，指筑城任务。程：期限。筑：夯，捣土的工具。谐：齐。声：指捣土时的夯歌。谐汝声：就是官吏命士卒齐声唱夯歌，也就是要他们努力干活。"官作"这两句是长城吏不耐烦的回答。

4. 宁（nìng）当：宁可。格：通"挌"，击。格斗：作战。

5. 怫郁（fú yù）：忧郁愁闷。

6. 连连：绵延不断。

7. 健少：一作"健儿"。

8. 内舍：指戍卒的家里。寡妇：古时凡妇女独居者，都可称寡妇，与后世专指夫死独居者不同。此处指戍卒的妻子。

9. 善待：好好服侍。姑嫜：公婆，古时妻称丈夫的父母为姑嫜。故夫子：指写信的戍卒本人。"便嫁"这三句是戍卒信中对妻子说的话。

10. 报书：回信。边地：指长城。

11. 君：指丈夫。一何：多么。鄙：粗鄙，不通情理。这句是妻子的回信责备戍卒的话。

12. 祸难：指修筑长城遥遥无期，自己活着回来的希望渺茫。他家子：别人家的女子，此处指自己的妻子。举：养育成人。哺

（bǔ）：喂养。脯（fǔ）：干肉。用干肉喂养女孩，表示珍爱。相撑挂：骸骨杂乱堆积的样子，形容死人很多。"身在"这六句是戍卒再次写信给妻子的话。

13. 结发：古时男女到成年时要把头发束结起来，称为结发。慊（qiè）慊：满足，满意。关：牵系。关一作"间"。"慊慊"句意思是，同你结为夫妻后，情投意合，心心相关，我内心已很满足了。贱妾：古代妇女的谦称。全：保全。"结发"这四句是妻子再次回信表明心迹的话。

【译文】

在长城下山石间的泉窟间给马喂水，这些泉水很寒冷直伤马骨。

一位役卒终于忍无可忍地对监管修筑长城的官吏说："千万别再留难我们这些来自太原的役卒了，让我们早些回家吧！"

"官府的工程自有它的期限，举起你们的筑来齐声唱夯歌！"

"男子汉宁可在战场上格斗战死，为什么要到这里忧郁愁闷修筑长城？"

长城是多么地连绵起伏啊，连绵不断三千里。

边地长城上多了一个好男儿，内地戍卒的家里就多了一个寡妇。

这位役卒只好写信给他家里的妻子："赶快趁年纪尚轻去重新嫁人，不必再在家等我了。

你要好好地侍奉新公婆，能时常想念着我这个你原来的丈夫就行了。"

妻子回信到边地长城："夫君啊，你今天说的话是多么的粗鄙不通情理啊！"

"我处于祸难之中，自身尚且难保，为什么还要拖累人家的女

儿呢？

如果生了男孩就不要去养活他，生了女儿要用干肉好好去喂养她。

你没有看见长城之下，死人骸骨杂乱堆积一层又一层啊！"

"自从我长大成人嫁给你后，总是时刻有你在我心中。

我心里清楚你在边地的苦难，我也就决心以一死殉情了！"

步出夏门行

观 沧 海

曹 操

东临碣石，以观沧海。

水何澹澹，山岛竦峙。

树木丛生，百草丰茂。

秋风萧瑟，洪波涌起。

日月之行，若出其中；

星汉粲烂，若出其里。

幸甚至哉，歌以咏志。

【作者】

曹操（155～220 年），字孟德，沛国谯（今安徽亳州）人。东汉末年政治家、军事家、文学家。早年为洛阳北部尉、顿丘令，参与镇压黄巾起义和讨伐董卓事，后逐步扩充军力，并"挟天子以令

诸侯"，用献帝名号削平大部分割据势力，在建安五年（200年）在官渡大败袁绍后，逐渐统一我国北部。曹操好读书，有谋略。他吸取了农民起义的教训，实行打击豪强、抑制兼并、屯田等政策，推动了其统治地区社会经济的发展。汉献帝建安中任大将军、丞相，并封魏王。他死后，子曹丕代汉称帝，追尊他为魏武帝。曹操擅长诗歌，与子曹丕、曹植合称"三曹"。其诗今存22首。

【题解】

《步出夏门行》，又名《陇西行》，属古乐府《相如歌·瑟调曲》。夏门原是洛阳城北西头的城门，汉代称夏门，魏晋称大夏门。曹操此篇，《宋书·乐志》归入《大曲》，题作《碣石步出夏门行》。从诗的内容看，与题意没有关系，只是借古题写时事罢了。曹操这首诗有"艳"（序曲）一章，"歌"四章：《观沧海》、《冬十月》、《土不同》、《龟虽寿》，是建安十二年（207年）北征乌桓时所作。今选取的是其中第一解，即第一章。这首四言诗借诗人登山望海所见到的自然景物，描绘了祖国河山的雄伟壮丽，既刻画了高山大海的动人形象，更表达了诗人豪迈乐观的进取精神，是建安时代描写自然景物的名篇，也是我国古典写景诗中出现较早的名作之一。

【注释】

1. 碣石：山名。旧说指今河北省乐亭县西南的大百岛石山，已沉没海中。也有的认为曹操所登碣石原为今河北省昌黎县之碣石山。据近年来考古发现，碣石在今辽宁省绥中县西南的海滨，西距山海关约30里。

2. 沧：同"苍"，指海水的颜色。沧海：大海。

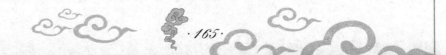

3. 澹澹：水波荡漾的样子。

4. 竦峙：竦：同"耸"，高。峙，屹立：耸立。

5. 萧瑟：秋天风吹树木发出的声音。

6. 洪：大。

7. 星汉：形容银河。粲：一作"灿"。

8. 幸：庆幸。咏志：相当于说"言志"。"幸甚"两句是合乐时所加的结尾，与正文内容无关。

【译文】

登上高高的碣石山，来眺望苍茫的大海。

水波汹涌澎湃，山岛高高的挺立在水中。

山岛上有丛生的树木，各种各样的奇花异草生长得很茂盛。

吹起萧瑟的秋风，水中涌起了水花波浪。

太阳和月亮，好像在大海里升起。

银河、太阳和月亮灿烂，好像出自大海里。

庆幸得很，用这首诗歌来表达自己的感受。

饮马长城窟行·示从征群臣

杨 广

肃肃秋风起，悠悠行万里。

万里何所行，横漠筑长城。

岂台小子智，先圣之所营。

树兹万世策，安此亿兆生。

诅敢惮焦思，高枕于上京。

北河秉武节，千里卷戎旌。

山川互出没，原野穷超忽。

拟金止行阵，鸣鼓兴士卒。

千乘万骑动，饮马长城窟。

秋昏塞外云，雾暗关山月。

缘岩驿马上，乘空烽火发。

借问长城候，单于入朝谒。

浊气静天山，晨光照高关。

释兵仍振旅，要荒事方举。

饮至告言旋，功归清庙前。

【作者】

杨广（560～618年），即隋炀帝，隋文帝杨坚的次子。他在位十四年，大兴土木，又急功好利，远征高丽，开凿运河，赋役烦琐，终于激乱败国，被部下宇文化及等缢杀于江都。明人辑有《隋炀帝集》。

【题解】

这首诗是用乐府旧题写隋朝的时事。此诗描写了巡行边塞的见闻，赞扬了古代帝王修筑长城的历史功绩。由于有亲身体验，所以诗写得真实、自然，但诗中也流露出一丝自我欣赏的浅薄。在吟咏长城的诗中，这是较早一首对长城持肯定态度的。

【注释】

1. 肃肃：犹萧瑟。

2. 横漠：穿越沙漠。筑：一作"作"。

3. 台（yí）：我，我的。小子：自谦之词。

4. 先圣：先代帝王。此指秦始皇。

5. 讵：怎么，哪里。惮：怕，畏惧。焦思：焦虑忧思。

6. 高枕：即高枕无忧，安心睡大觉。上京：都城，此指隋朝都城长安。

7. 北河：古代黄河自内蒙古磴口县以下分为南北两支，北支当时为黄河的正流。秉：持。武节：武德。

8. 戎旌：战旗。

9. "山川"两句是说队伍在山间行走，忽高忽低，所见到的山川也随之忽隐忽现。

10. 穷：极。超忽：旷远的样子。

11. 枞（chuāng）：撞击。金：古代军中乐器。止行阵：使队伍停止前进。

12. 缘岩：沿着山岩。驿马：驿站的马。

13. 乘空：登上高处。

14. 借问：请问。候望：侦察。

15. 单于（chán yú）：匈奴的最高首领。此处指少数民族的首领。谒：拜见。

16. 浊气：指污浊日之气，此处指兵气。天山：祁连山。

17. 释兵：以酒食犒劳兵士。

18. 要（yāo）荒：指要服和荒服。古代王畿管辖区域，每五百

里为一服，按距离王畿远近划分为五服，要服和荒服是最远的地方。此处指边疆。

19. 饮至：古时的一种礼仪，盟伐归来，合饮于宗庙，叫饮至。言旋：归来。

20. 清庙：宗庙。此处指先代帝王的圣灵。

【译文】

萧瑟秋风吹起，悠悠遥远巡行万里。

为什么要万里悠悠巡行？要穿越沙漠筑长城。

这不是我这小子的智慧，而是先代帝王的苦心经营。

确立了这平定万世的良策，确保了这天下亿万苍生安居乐业。

不管怎么再也不用焦虑忧思，而是高枕无忧地在都城睡大觉。

北河之外秉持武德，千里之内风卷战旗。

队伍在山间行走，忽高忽低，山川也随之忽隐忽现。

撞金使队伍停止前进，鸣鼓振奋士气再度出发。

千军万马大出动，直奔长城脚下，在泉窟间给马喂水。

秋天的塞外云乌云满天，大雾迷漫使关山之间的月亮也暗淡无光。

骑驿站的马沿着山岩而上，登上高处点燃烽火。

请问长城上的侦察人员，是否看到单于从此而过拜谒朝廷。

兵气使天山安静下来，晨光照耀着高高的关隘。

犒劳兵士还是要使军旅振奋，边疆的事业才能百废待举。

盟伐归来，合饮于宗庙前，功劳还是归于历代先帝的圣灵！

凉州词

王之涣

黄河远上白云间，一片孤城万仞山。

羌笛何须怨杨柳，春风不度玉门关。

【作者】

王之涣（688～742年），字季凌，原籍晋阳（今山西太原），后迁居绛郡（今山西新绛）。曾任冀州衡水主簿，遭诬陷，"因拂衣去官"，"在家十五年"，优游山水。晚年又出任文安县尉，"在职以清白著，理人以公平称"。天宝元年（742年）二月卒子官舍，葬于洛阳。王之涣是盛唐著名的边塞诗人，与王昌龄、高适友善，他的诗在当时"传乎乐章，布在人口"，可惜今仅存6首。

【题解】

凉州词指凉州歌的唱词。这是一首传诵千古的名篇，被推为盛唐七绝压卷之作。这首脍炙人口的边塞诗，生动描绘了旷远荒凉的塞外风光，尽情倾诉了戍边将士的疾苦，同时又委婉批评了朝廷对边关人员不体恤、不关怀的做法。

【注释】

1. 黄河远上：一作"黄沙直上"。《国秀》作"一片孤城万仞山，黄河远上白云间"。

2. 孤城：似指玉门关。仞：古代八尺为仞。万仞：形容山极为高峻。

3. 羌笛：由羌族传入的一种管乐器。杨柳：指北朝乐府《鼓角横吹曲》中的《折杨柳曲》。

4. 玉门关：在今甘肃省敦煌县西。

【译文】

远远奔流而来的黄河，好像与白云连在一起。玉门关孤零零地耸峙在高山之中，显得孤峭冷寂。

何必用羌笛吹起那哀怨的杨柳曲去埋怨春光迟迟呢，原来玉门关一带春风是吹不到的啊！

送 人 之 军

贺知章

常经绝脉塞，复见断肠流。

送子成今别，令人起昔愁。

陇云晴半雨，边草夏先秋。

万里长城寄，无贻汉国忧。

【作者】

贺知章（659～744 年），字季真，号四明狂客，汉族，唐越州会稽永兴（今浙江杭州市萧山区）人，贺知章诗文以绝句见长，除祭神乐章、应制诗外，其写景、抒怀之作风格独特，清新潇洒，著

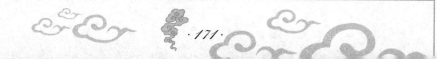

名的《回乡偶书》两首脍炙人口，千古传诵，今尚存录入《全唐诗》共19首。贺知章诗文精佳，且书法品位颇高，尤擅草隶，"当世称重"，好事者供其笺翰，每纸不过数十字，共传宝之。他常醉辄属籍，常与张旭、李白饮酒赋诗，切磋诗艺，时称"醉中八仙"，又与包融、张旭、张若虚等结为"吴中四士。"

【题解】

本诗写送人到陇西临洮戍边，并寄予厚望。颈联写边塞景物节候，是昔日所经见，亦是今日将经见。言外无限辛苦凄恻，然结联犹致以勉励之辞，寄望于国之长城。"万里长城"，是景，亦典，妙在虚实之间。最后一句表达了诗人对祖国安全的关切和期望，具有远大胸怀的人，热爱祖国的人，才能写出这样好的诗句。

【注释】

1. 绝脉：断绝地脉。绝脉塞：指长城险塞。

2. 断肠流：指陇头流水。

3. 陇：陇山，为陕甘要隘。陇云：陇头之云。

4. 万里长城：喻重要支柱，此以军队为长城。典出《南史·檀道济传》：宋文帝寝疾，彭城王刘义康矫诏收捕檀道济。道济盛怒饮酒一斛，脱帻投地曰："乃坏汝万里长城。"

5. 汉国：指唐王朝。唐人多以汉喻唐。

【译文】

国家边关衢道及其险关经常被断绝，送人从军的路上多次看到军人被杀，断肠都流出体外了，这是多么残忍啊！父亲送儿子去从军，即日起思念不断。边关的气候变化无常，关外的杂草和内地相比，似乎先入秋变色了，多么寒冷啊！希望万里长城能抵御外敌的入侵，这样就不用（大唐）忧虑了。

塞下曲四首

其 二

王昌龄

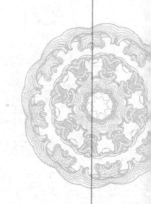

饮马渡秋水，水寒风似刀。

平沙日未没，黯黯见临洮。

昔日长城战，咸言意气高。

黄尘足今古，白骨乱蓬蒿。

【作者】

王昌龄（698～757 年）字少伯，汉族。盛唐著名边塞诗人，后人誉为"七绝圣手"。他的边塞诗气势雄浑，格调高昂，充满了积极向上的精神。世称王龙标，有"诗家天子王江宁"之称，存诗 170余首。与李白、高适、王维、王之涣、岑参等交情深厚。官至秘书省校书郎，代表作有《出塞》、《芙蓉楼送辛渐》等。

【题解】

这首乐府曲以长城为背景，描绘战争的悲惨残酷。诗的前四句

写塞外晚秋时节，平沙日落的荒凉景象；后四句写长城一带，历来是战场，白骨成丘，景象荒凉。全诗写得触目惊心，表达了非战思想。

【注释】

1. 黯黯：同"暗暗"。
2. 临洮：今甘肃岷县一带，是长城起点。
3. 咸：都。

【译文】

牵马饮水渡过了那大河，水寒刺骨秋风如剑如刀。

沙场广袤夕阳尚未下落，昏暗中看见遥远的临洮。

当年长城曾经一次鏖战，都说戍边战士的意气高。

自古以来这里黄尘迷漫，遍地白骨零乱夹着野草。

从军行七首

其二

王昌龄

琵琶起舞换新声，总是关山旧别情。

撩乱边愁听不尽，高高秋月照长城。

【题解】

此诗截取了边塞军旅生活的一个片断，通过写军中宴乐表现征戍者深沉、复杂的感情。

【注释】

1. 新声：新的歌曲。

2. 关山：边塞。

3. 撩乱：心里烦乱。

4. 边愁：久住边疆的愁苦。

【译文】

琵琶奏起了新的乐曲，守边将士在琵琶声中起舞，弹来弹去，总是离不开《关山月》这类军人出征的乐曲。琵琶声声，听不完守边的愁苦，仰望夜空，只见那引人思乡的秋月照耀着万里长城。

出　　塞

王昌龄

秦时明月汉时关，万里长征人未还。

但使龙城飞将在，不教胡马度阴山。

【题解】

这是一首慨叹边战不断，国无良将的边塞诗。诗的首句最耐人

寻味。说的是此地汉关，明月秦时，大有历史变换，征战未断的感叹。二句写征人未还，多少男儿战死沙场，留下多少悲剧。三、四句写出千百年来人民的共同意愿，冀望有"龙城飞将"出现，平息胡乱，安定边防。全诗以平凡的语言，唱出雄浑豁达的主旨，气势流畅，一气呵成，吟之莫不叫绝。明人李攀龙曾推奖它是唐代七绝压卷之作，实不过分。

【注释】

1. 出塞：是唐代诗人写边塞生活的诗常用的题目。

2. 秦时明月汉时关：即秦汉时的明月，秦汉时的关塞。

3. 但使：只要。

4. 龙城飞将：指汉朝名将李广。南侵的匈奴惧怕他，称他为"飞将军"。这里泛指英勇善战的将领。

5. 胡马：指侵扰内地的外族骑兵。

6. 阴山：在今内蒙古自治区，古代常凭借它来抵御匈奴的南侵。

【译文】

依旧是秦汉时的明月和边关，征战长久延续万里征夫不回还。

倘若龙城的飞将李广而今健在，绝不许匈奴南下牧马度过阴山。

使清夷军入居庸三首

其　三

高　适

登顿驱征骑，栖遑愧宝刀。

远行今若此，微禄果徒劳。

绝坂冰连下，群峰雪共高。

自堪成白首，何事一青袍。

【作者】

　　高适（702～765年），字达夫，渤海蓓（今河北景县）人，世居洛阳。二十岁时，西游长安，求仕不遇。于是，北上蓟门，漫游燕赵，想在边塞寻求报国立功的机会，也没有找到出路。天宝八年（749年），应有道科，授封丘尉。十一年，弃官客河西，为河西节度使哥舒翰书记。安史之乱后，曾任淮南、西川节度使，终散骑常侍。封渤海县侯，世称"高渤海"。他是盛唐著名边塞诗人，与岑参齐名，并称"高岑"。有《高常侍集》。

【题解】

　　天宝十年（751年）冬，以封丘尉出使清夷军（属范阳节度使）送兵，途中，作者写下了这组诗。清夷军，唐时设置于居庸关外妫州（今河北怀来县东），是范阳节度使所统九军之一。居庸，即居庸关，唐代亦称蓟门关，位于太行余脉军都山，地形险要，是长城重要的关隘。居庸

关之名,最早见于《淮南子》:"天下九塞,居庸居其一。"春秋战国时期,燕国便于此设防,当时已称"居庸塞"。明灭元后,明太祖朱元璋怕逃到蒙古大漠的元顺帝卷土重来,于洪武元年(1368 年),拨巨款修筑加固居庸关,增强军事防御功能。高适的这首诗,是今天所见最早写居庸关的诗章。到金代,居庸关成为"燕京八景"之一,有"居庸叠翠"之称,自此以后,吟诵八达岭的诗文就更多了。

【注释】

1. 登顿:上下,指翻山越岭,行路艰难。

2. 栖遑(xī huáng):匆忙不得安居。宝刀:象征武艺。

3. 微禄:微薄的俸禄,指当时所任封丘尉职。

4. 坂:山坡。绝坂(bǎn):极陡的山坡。"冰":一作"水"。

5. "雪":一作"云"。

6. 自堪:自可。

7. 青袍:指县尉之职。唐代贞观三年制,八品九品官,服青色。县尉是从九品,所以说青袍。

【译文】

驱马翻山越岭,行路艰难,匆忙中不得安居,真的愧对我一身武艺啊!

远远奔波到如今,仍然就这个样子,微薄的俸禄真的显得徒劳。

极陡的山坡冰封上下,连绵的群山万里雪封,高接云天。

自己本可以自然地一天天老去,何必为了一个小小官职去忙忙碌碌呢?

关 山 月

李 白

明月出天山，苍茫云海间。

长风几万里，吹度玉门关。

汉下白登道，胡窥青海湾。

由来征战地，不见有人还。

戍客望边色，思归多苦颜。

高楼当此夜，叹息未应闲。

【作者】

　　李白（701～762年），字太白，号青莲居士。祖籍陇西成纪（今甘肃静宁西南），隋末其先人流寓碎叶（今吉尔吉斯斯坦北部托克马克附近）。幼时随父迁居绵州昌隆县（今四川江油）青莲乡，二十五岁起"辞亲远游"，仗剑出蜀。天宝初供奉翰林，因遭权贵谗毁，仅一年余即离开长安。安史之乱中，曾为永王璘幕僚，因璘败系浔阳狱，远谪夜郎，中途遇赦东还。晚年投奔其族叔当涂令李阳冰，后卒于当涂。李白是唐朝著名诗人，也是我国最著名的诗人之一，是我国文学史上继屈原之后又一伟大的浪漫主义诗人，有"诗仙"之称。李白的诗歌今存990多首。有《李太白文集》三十卷行世。

【题解】

这首诗大约作于开元后期，此时唐王朝与吐蕃（今西藏地区）冲突不断，战争很多，给人民带来很多灾难。内容上，此诗仍继承古乐府，意在使别离，但诗人笔力雄浑，有前人所未有的意境。开头四句，主要写辽阔的边塞景象，关、山、月者融为一体，表现出征人怀乡的情绪；中间四句，具体写战争的景象；后四句写征人思家，进而推想妻子月夜高楼，叹息不止。关山月，乐府《横吹曲》调名，《乐府古题要解》："'关山月'，伤离别也。"

【注释】

1. 天山：即祁连山，匈奴把"天"呼为祁连。"明月出天山"是从征夫角度而言的，他们已过天山之西，回首东望，则好像看见明月出于天山之外也。

2. 几万里：是夸张的说法，形容很远很远。陆机有"长风万里举"。

3. 玉门关：故址在今甘肃敦煌西。是通往西域的重要关隘。

4. 白登：山名，在今山西大同市东。汉高帝七年（前200年），刘邦亲率大军与匈奴交战，被困于白登山，七昼夜始解围。

5. 胡：这里指吐蕃。青海：即今青海省内的青海湖。唐军曾多次和吐蕃在这一带交战。

6. 由来：从来。

7. 高楼：指戍客的妻子住的地方。

8. 闲：停歇。意思是该正在不停地叹息。这是戍客想象妻子对自己的思念。

【译文】

巍巍天山，苍茫云海，一轮明月倾泻银光一片。浩荡长风，掠过几万里关山，来到戍边将士驻守的边关。汉高祖出兵白登山征战匈奴，吐蕃觊觎青海大片河山。这些历代征战之地，很少看见有人庆幸生还。戍边兵士仰望边城，思归家乡愁眉苦颜。当此皓月之夜，高楼上望月怀夫的妻子，同样也在频频哀叹，远方的亲人呵，你几时能卸装洗尘归来。

北 风 行

李 白

烛龙栖寒门，光耀犹旦开。

日月照之何不及此，惟有北风号怒天上来。

燕山雪花大如席，片片吹落轩辕台。

幽州思妇十二月，停歌罢笑双蛾摧。

倚门望行人，念君长城苦寒良可哀。

别时提剑救边去，遗此虎文金鞞靫。

中有一双白羽箭，蜘蛛结网生尘埃。

箭空在，人今战死不复回。

不忍见此物，焚之已成灰。

黄河捧土尚可塞，北风雨雪恨难裁。

【题解】

这首诗是李白在天宝十一年（752 年）游幽州时所作。王琦《李太白全集注》说："鲍照有《北风行》，伤北风雨雪，行人不归，李白拟之而作。"此诗通过描写一个北方女子对丈夫战死的悲愤心情，抨击安禄山在北方挑起战争的罪行。"燕山雪花大如席"更是生动地写出了长城地带大雪纷飞、气候严寒的景象，是诗歌中夸张的典范。

【注释】

1. 烛龙：语出《淮南子·地形训》："烛龙在雁门北，蔽于委羽之山，不见日，其神人龙身而无足。"高诱注："龙衔烛以照太阴，盖长千里，视为昼，瞑为夜，吹为冬，呼为夏。"寒门：《淮南子》："北方曰北极之门，曰寒门。"高诱注："积寒所在，故曰寒门。""烛龙"这两句的意思是烛龙栖息在极北的地方，还能发出如白昼一样的光。

2. 此：指幽州，治所在今北京大兴。"日月"句，一作"日月之赐不及此"。

3. 燕山：山名，在今河北平原的北侧。诗中泛指燕山一带，不专指一山。

4. 轩辕：即黄帝。轩辕台：故址在今河北怀来的乔山上。

5. 双蛾：女子的双眉。双蛾摧：双眉紧锁，形容悲伤、愁闷的样子。

6. 鞞靫（bǐng chāi）：装箭的袋子。"别时"二句：写思妇忧念丈夫，但路途迢远，无由得见，只得用丈夫留下的饰有虎纹的箭袋寄托情思，排遣愁怀。

7. 一：一作"二"。

8. 黄河捧土：典出《后汉书》，《朱浮传》："此犹河滨之人，捧土以塞孟津，多见其不知量也。"意指黄河边孟津渡口不可塞。

9. 北风雨雪：化用《诗经·邶风·北风》中"北风其凉，雨雪其男"句意，原意是指国家危乱将至而气象愁惨，此书借以衬托思妇凄凉的心情。裁：消除。一作"哉"。

【译文】

烛龙栖息在极北的地方，还能发出如白昼一样的光。

日月照耀为什么照不到这里呢？只有北风怒吼不休从天上而来！

燕山雪花大得像席子，一片一片吹落在轩辕台上。

十二月的幽州啊，思妇停止了歌唱，双眉紧锁无欢颜。

倚门伫望远行的人，想起夫君你在长城啊，那彻骨的寒冷实在难耐。

分别时你持剑赴边塞，留给我虎纹金饰的鞴靫。

内装一对象征爱情的白羽箭啊，现已结满蛛网蒙布尘埃。

箭还在啊，可出外征战的你是死是活还没有回来。

我实在不忍看到它啊，一把火全烧成了灰烬。

即使是黄河孟津渡口啊，捧起一捧捧泥土，也可以将它阻塞；

可是那北风狂吹雨雪凄寒里的无限忧恨啊，却最难消哉。

奉使契丹初至雄州

欧阳修

古关衰柳聚寒鸦，驻马城头日欲斜。

犹去西楼二千里，行人到此莫思家。

【作者】

欧阳修（1007～1072年），字永叔，号醉翁，晚号六一居士，吉州吉水（今属江西）人。宋仁宗天圣八年（1030年）进士。曾任枢密副使、参知政事、刑部尚书、兵部尚书等职。熙宁四年（1071年）辞官，居颍州。卒谥文忠。早年支持范仲淹，要求在政治上有所改良；王安石推行新法时，曾对青苗法表示不满。他是当时公认的文坛领袖，有宋以来第一个在散文、诗、词等各方面都成就卓著的作家。在史学方面也很有成就，编撰《五代史记》（《新五代史》），并与宋祁等修《唐书》（《新唐书》）。书法亦著称于世。他还是一位金石收藏学的先驱开拓者，编辑和整理金石遗文上千卷，并撰写成《集古录跋尾》十卷400多篇，简称《集古录》，是今存最早的金石学著作。有《欧阳文忠公文集》。

【题解】

此诗一名《过塞》。至和二年（1055年）八月，欧阳修以假右谏议大夫充贺契丹国母生辰使，并持送仁宗御容，不料数十日后，兴宗耶律宗真驾崩，道宗耶律洪基继位，改充贺登位国信使，再至河北，写下这首诗。契丹，古国名。本东胡支系，秦、汉时为匈奴所败。唐时，耶律阿保机统一各部，占据今辽、冀、晋之北部，辽金时为金所灭。雄州，五代时周置，今河北雄县，当时是北宋北边的一处军事重镇，又是通往辽国的交通枢纽，过雄州30里就是进入辽国边地。

【注释】

1. "驻马城头日欲斜。"一作"驻马关头见落霞"。

2. 西楼：指辽国上京临潢府（在今内蒙古巴林左旗西南）。《辽史·地理志》载："上京西楼，有邑屋市肆。交易无钱而用布。有绫锦诸工作、宦者、翰林、伎术、教坊、角觚、儒、僧尼、道。我国人并、汾、幽、蓟为多。"

【译文】

古老的雄关前几棵衰老的柳树上聚集着一群寒鸦，

在城头停下马来的时候太阳已经开始西斜。

这里离上京都还有两千里路，

外行的人啊，到了这里就不要再想老家！

过杨无敌庙

苏 辙

行祠寂寞寄关门，野草犹知避血痕。

一败可怜非战罪，太刚嗟独畏人言。

驰驱本为中原用，尝享能令异域尊。

我欲比君周子隐，诛肜聊足慰忠魂。

【作者】

苏辙（1039～1112年），字子由，眉外眉山（今四川眉山县）人。与其父苏洵、兄苏轼合称"三苏"，人称"小苏"。嘉祐二年（1057年）进士。官至尚书右丞、门下侍郎。晚年居颖川（今河南省许昌市），自号颖滨遗老。其文深受父兄影响。早期古文议论风发，晚期风格趋于淡泊沉静。擅长各类文体，以策论为最。有《栾城集》等。

【题解】

本诗是作者过古北口时所作。杨无敌，即杨家将之首杨令公，名杨业，是北宋名将，长期驻守雁门关一线，在对辽作战中频立战功，名震契丹，被称为"杨无敌"。杨业英勇不屈的气节，也深为辽朝人民所敬仰。辽宋和好以后，为了表示对这位英雄的崇敬和对宋朝的友好，辽特意在宋使经常通过的古北口修建了一座杨令公祠，以备宋使祭祀、观览，并以此激励辽朝将士效忠本朝。这座杨令公祠历时近千年，经后代重修，至今犹矗立在古北口镇东山坡上。

【注释】

1. 嗟独：叹恨。
2. 驰驱：奔走、效力。
3. 尝享：享受祭祀。异域：国外，这里指辽国。
4. 周子隐：即晋代的周处。字子隐，少孤，臂力过人，为乡里之害，后改过自新，杀虎斩蛟，好学为善。

5. 诛肜（róng）：晋梁王肜曾违法，周处深究其过。后氏人齐万年反，肜为征西大将军，周处为先锋。肜为报以往之恨，命处进军讨伐，但不给后援，处力战而死。后以"诛肜"为诛灭陷害忠良者。聊：姑且，暂且。

【译文】

杨令公行祠寂寞地寄住在关门外，幸好还有野草懂得遮蔽血泪的痕迹。

一次战败真的让人怜惜不已，因这不是战罪，而是由于你过度刚烈叹恨人言可畏。

你奔走效劳本来是为中原立功，何曾想到能够受到异域的尊崇呢。

我好想把你比做周子隐，我要杀掉那个陷害忠良的梁王司马肜来暂且安慰你的忠魂！

晚过居庸关重关

李 贽

重关天险设居庸，百二山河势转雄。

关吏不闻占紫气，行人或共说非熊。

湾环出水马蹄湿，回复穿云月露融。

燕市即今休感慨，汉家封事已从容。

【作者】

李贽（1527～1602 年），号卓吾，又号宏甫，别号温陵居士，泉州晋江（今福建泉州）人。回族。明代进步思想家、文学家。主张个性解放与自由，被称为反对封建专制主义的启蒙运动的先驱。做过云南姚安知府，54 岁以后弃官为民，专事著述。他阅识广泛，学问渊博，著作宏富，有《焚书》、《藏书》、《续焚书》、《续藏书》、《史纲评要》、《世说新语补》等，又曾评点《水浒传》等。

【题解】

这首诗是诗人过居庸关时所作，写出了居庸关扼控塞北的险峻气势。

【注释】

1. 重关：一道又一道的关门。

2. 势转雄：形势变得险峻。

3. 占：占卜。紫气：祥瑞之气。"关吏"这句古代传说老子出函谷关，关吏见有紫气自东而来，知将有圣人过关。果然，老子骑青牛而来，便请他写了《道德经》。

4. 非熊：也作飞熊。据《史记·齐太公世家》，周文王将出猎，占卜，知"所获非龙非螭，非虎非罴；所获霸王之辅"，果然在渭水之阳遇到了姜太公。常用为帝王得贤臣的典故。

5. 湾坏：曲水围绕。

6. 融：消融。

7. 燕市：指燕京，即今北京市。

8. 汉家：代指明王朝。封事：密封的奏章。古时臣下上书奏事，为防泄漏，用袋封缄，故称。

【译文】

一道又一道的关门设在居庸，使此地方圆一百二十里山河形势变得险峻。

虽然没有听说有关吏占卜紫气东来的事情重现，可是过往的路人都在议论周文王遇到姜太公这个帝王得贤臣的典故。

曲水围绕飞出的水花打湿了马蹄，来来回回穿过云层的月亮消融了露珠。

燕京到今天也不要再发什么感慨了，汉家密封的奏章已经可以镇定舒缓地来来去去了。

蒙恬所筑长城

爱新觉罗·玄烨

万里经营到海涯，纷纷调发逐浮夸。

当时用尽生民力，天下何曾属尔家。

【作者】

爱新觉罗·玄烨（1654～1722 年），即清圣祖，年号康熙。八岁即位，在位 61 年，是我国历史上在位时间最长的皇帝。是一位较有见识与作为的封建帝王。执政期间，采取了"摊丁入亩"等一系列有利于国计民生的政策，奠定了所谓"康乾盛世"的基础。康熙

帝还组织编纂《全唐诗》、《古今图书集成》、《佩文韵府》、《历象考成》《数理精蕴》、《康熙永年历法》、《康熙皇舆全览图》等图书、历法和地图。他还是一位写诗的高手，现存诗一千多首，题材较为广泛。

【题解】

这首诗完全否定了修筑长城的做法，认为长城的修筑只会劳民伤财，于事无补。其中，隐含着治国"在德不在险"的政治思想。作者的这种认识与态度，当与其为入主中原的塞外少数民族有关。蒙恬（？～前210年），秦朝名将。《史记·蒙恬列传》载，秦统一天下后，使恬率领30万大军北上驱逐匈奴，并修筑长城，"暴师于外20余年，居上郡。是时蒙恬威震匈奴。"秦二世立，与赵高谋杀蒙恬。

【注释】

1. 海涯：海边。
2. 浮夸：不切实际之词。秦始皇时，卢生的上书中有"亡秦者胡也"的话，秦始皇深信不疑，遂命蒙恬带兵征伐匈奴。
3. "当时"这句指当时修筑长城耗费了大量的民力。

【译文】

始皇苦心经营万里天下直到海边，却听信不切实际的浮夸之词，不断调发兵力征伐北方。当时用尽天下苍生的民力修筑了万里长城，但到如今天下何曾是你嬴家的呢？

古 北 口

爱新觉罗·玄烨

断山瑜古北，石壁开峻远。

形胜固难凭，在德不在险。

【题解】

这首诗作于康熙二十二年（1683 年）夏，描绘了古北口险峻的形势，表达出这样的思想，即只有修明政治、施德于天下，才能使江山巩固，而天险不足凭恃。

【注释】

1. 瑜：同"逾"，越过。"断山"这句指两处断山隔关口相连。

2. 开：分开，打开。"石壁"句意指石壁分立两旁，关口更显险峻，望去似乎更加遥远。

3. 形胜：地理形势优越。

4. "在德"这句语出《史记·孙子吴起列传》："武侯浮西河而下，中流，顾而谓吴起曰：'美哉乎山河之固，此魏国之宝也！'起对曰：'在德不在险。'"

【译文】

两处断山越过古北，隔关口相连；

石壁分立两旁，关口更显险峻，望去似乎更加遥远。

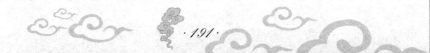

地理形势优越地形险要本来就很难依靠；

自古以来，山河稳固在于德行而不在于地势险要啊。

出古北口

爱新觉罗·玄烨

年年秋弥此经过，峭石天成险隘多。

沙漠名王皆属国，但留形胜壮山河。

【题解】

这是康熙出古北口时写下的赞美此地风光的诗，反映了清朝当时对北方少数民族的政策以及对长城的看法。清朝统治者入主中原后，对北方少数民族采取怀柔政策，使得畜牧业地区的民族势力，不能再形成与清朝相抗衡的威胁力量，长城的防御作用大为削弱，相反，其装点山河的作用却越来越大了。

【注释】

1. 秋弥：秋天打猎。

2. 沙漠名王：指蒙古各部首领。

3. 形胜：地理形势优越，此指长城。

【译文】

每年秋天打猎都要从这个地方经过，陡峭的山石自然形成了很多险要的关隘。

茫茫大漠中的蒙古各王都早已经归属国朝，当年留下的长城关隘的险要地势，只是使大好河山更加壮丽罢了。

回銮抵古北口

爱新觉罗·玄烨

黄谷清河古戍间，銮车此日省方还。
长林曲抱千溪水，小径斜通万仞山。
地扼襟喉趋朔漠，天留锁钥枕雄关。
时平不用夸形胜，云物秋澄斥堠闲。

【题解】

这首诗是乾隆自东北回北京路过古北口时所作。銮，皇帝的车驾。古北口是北京东北部的门户，它与松山、居庸关并立为护卫北京的三把铁锁。

【注释】

1. 省（xiǎn）：通"弥"，秋季的田猎。
2. 襟喉：衣襟和喉咙，比喻要害之地。
3. 锁钥：比喻军事重镇，出入要道。
4. 云物：云彩，云气。秋澄：指秋日天空清澄明亮。斥堠：用以瞭望敌情的土堡。

【译文】

在黄谷清河两个古老的戍所之间，进行秋季田猎，我的銮车在

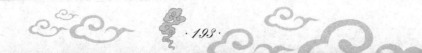

今天才返回。

茂密修长的树林弯弯曲曲环抱着无数的溪流，修长的小路歪歪斜斜地通向万仞山巅。

扼守着连通朔漠的要害之地，上天故意留此锁钥枕靠雄关。

而今天下太平，用不着赞扬这个地方位置优越地势险要；

云彩在秋日清澄明亮的天空飘荡，用以瞭望敌情的土堡也只好空闲着。

清平乐·六盘山

毛泽东

天高云淡，望断南飞雁。

不到长城非好汉，屈指行程二万。

六盘山上高峰，红旗漫卷西风。

今日长缨在手，何时缚住苍龙？

【题解】

1935 年 8 月，毛泽东粉碎了张国焘分裂党、分裂红军的机会主义路线后，率红一方面军继续向陕北根据地挺进。9 月中旬，攻克天险腊子口，奇迹般越过岷山草地，进入甘肃南部。10 月初，国民党一方面调集重兵"围剿"陕北革命根据地，另一方面在六盘山一带建立防线，妄图围歼长征红军。工农红军在毛泽东指挥下，佯攻天水，示行于东，然后出敌不意，从哈达铺掉头北进，攻克通渭城，进入平凉、固原大道。10 月 7 日，在六盘山的青石嘴，又击败了前

来堵截的敌骑兵团，扫清了阻碍，摆脱了追敌，当天下午，一鼓作气，翻越六盘山。之后，长驱直入，于 10 月 19 日到达陕北保安县吴起镇（今吴旗县），与陕北红军胜利会师，完成了震惊世界的二万五千里长征。这首《清平乐·六盘山》就是毛泽东翻越六盘山时的咏怀之作。

【注释】

1. 望断：望得久，望得远。

2. 长城：借指长征的目的地。

3. 屈指：弯着手指头计算。

4. 六盘山：在宁夏南部，甘肃东部。

5. 长缨：本指长绳，这里指革命武装。

6. 在手：在共产党的领导之下。

7. 缚住：捉住。

8. 苍龙：指国民党反动派。

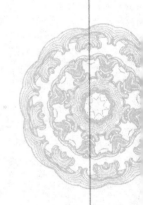

【译文】

长空高阔白云清朗，南飞的大雁已望着飞到了天边。不登临目的地绝不是英雄，算下来已征战了二万里的路途。

六盘山上高峰挺拔，烈烈的西风吹卷着红旗。现在革命的武装正在共产党的领导之下，哪一天才能打倒国民党反动派？

沁园春·雪

毛泽东

北国风光，千里冰封，万里雪飘。

望长城内外，惟余莽莽；

大河上下，顿失滔滔。

山舞银蛇，原驰蜡象，欲与天公试比高。

须晴日，看红装素裹，分外妖娆。

江山如此多娇，引无数英雄竞折腰。

惜秦皇汉武，略输文采；

唐宗宋祖，稍逊风骚。

一代天骄，成吉思汗，只识弯弓射大雕。

俱往矣，数风流人物，还看今朝。

【题解】

1945 年 8 月 28 日，毛泽东从延安飞往重庆，同国民党进行了 43 天的谈判。其间柳亚子屡有诗赠毛，10 月 7 日，毛书此词回赠。随即发表在重庆《新华日报》上，轰动一时。《沁园春·雪》是毛泽东主席的名篇，分上下两片。上片描写北国雪景，展现祖国山河的壮丽；下片由祖国山河的壮丽而感叹，并引出英雄人物，纵论历代英雄人物，抒发诗人伟大的抱负。

【注释】

1. 北国：指我国北方。

2. 惟余莽莽：惟余：只剩。莽莽：这里是无边无际的意思。只剩下白茫茫的一片。

3. 大河上下：指黄河的上游和下游，犹言整条黄河。

4. 顿失滔滔：指黄河因结冰而立刻失去了波涛滚滚的气势。

5. "原"指高原，即秦晋高原。蜡象：白色的象。山舞银蛇，原驰蜡象：群山好像（一条条）银蛇在舞动。高原（上的丘陵）好像（许多）蜡做的白象在奔跑。

6. 须：等到。

7. 天公：指天。

8. 红装：原指妇女的艳装，这里指红日照耀着大地。素裹：原指妇女的淡装，这里指白雪覆盖着大地。红装素裹：形容雪后天晴，白雪的壮丽景色。

9. 分（fèn）外妖娆：格外艳丽多姿。

10. 折腰：鞠躬，倾倒。这里有称颂、赞美的意思。

11. 秦皇汉武：指秦始皇赵政和汉武帝刘彻。

12. 输：和下文的"逊"，都是差，失的意思。

13. 文采：和下文的"风骚"，指的都是文学才华。这里用文学才华概括广义的文化，包括政治、思想、文化在内。风骚，原为《诗经》里的《国风》和《楚辞》里的《离骚》，也可指《诗经》和《楚辞》。

14. 一代天骄：天骄，"天之骄子"的省略语。意思是天所骄纵宠爱的人。汉时匈奴自称。后来也泛称强盛的少数民族或其首领。

15. 唐宗宋祖：指唐太宗李世民和宋太祖赵匡胤。

16. 成吉思汗：元太祖铁木真。建立了横跨欧亚的大帝国的蒙古征服者。

17. 射雕：雕：一种凶猛的鸟，飞得又快又高，不易射中。《史记·李广传》称匈奴善射者为"射雕者"。有用射雕来称赞人武艺高强。

18. 俱：都。俱往矣：都已经过去了。

19. 数：数得着、称得上的意思。数风流人物：称得上能建功立业的英雄人物，无产阶级革命者等。

【译文】

北方的风光，千里冰封，万里雪飘，眺望长城内外，只剩下白茫茫的一片；宽广的黄河上下，河水顿时失去了滔滔水势。连绵的群山好像（一条条）银蛇一样蜿蜒游走，高原（上的丘陵）好像（许多）白象在奔跑，似乎想要与苍天比试一下高低。等到天晴的时候，再看红日照耀下的白雪，格外的娇艳美好。

祖国的山川是这样的壮丽，令古往今来无数的英雄豪杰为此倾倒。只可惜像秦始皇汉武帝这样勇武的帝王，却略差文学才华；唐太宗宋太祖，稍逊文治功劳。称雄一世的天之骄子成吉思汗，却只知道拉弓射大雕（而轻视了思想文化的建立）。而这些都已经过去了，真正能够建功立业的人，还要看现在的人们。